MARCO POLO

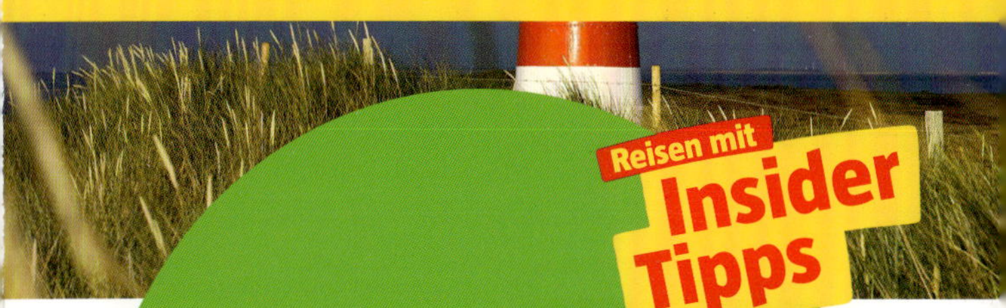

Reisen mit Insider Tipps

NORDSEEKÜSTE SCHLESWIG-HOLSTEIN

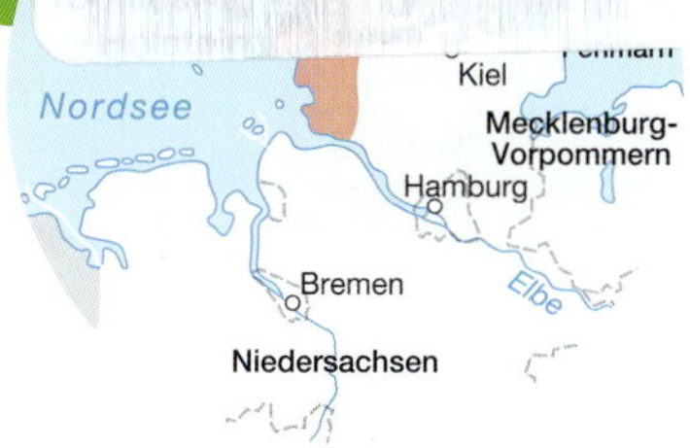
Kiel
Nordsee
Mecklenburg-Vorpommern
Hamburg
Bremen
Elbe
Niedersachsen

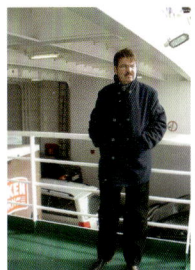

MARCO POLO Koautor
Arnd M. Schuppius

Der gebürtige Hamburger (55) lebt im Städtchen Burg am Nord-Ostsee-Kanal, wo er sein Geld als freiberuflicher Autor – u. a. auch für die MARCO POLO Bände „Sylt" und „Föhr/Amrum" – und als Lektor verdient. In seiner Freizeit ist er gern im Marschland der Westküste – quasi direkt vor seiner Haustür – unterwegs und engagiert sich für den Schutz des Weltnaturerbes Wattenmeer.

www.marcopolo.de/nordseekueste-sh

Die besten Insider-Tipps → S. 4

INSIDER TIPP

Best of ... → S. 6

Der Norden → S. 32

Husum u. H. Bucht → S. 44

SYMBOLE

INSIDER TIPP Insider-Tipp

★ Highlight

●●●● Best of ...

☼ Schöne Aussicht

☺ Grün & fair: für ökologische oder faire Aspekte

(*) kostenpflichtige
Telefonnummer

**PREISKATEGORIEN
HOTELS**

€€€ über 100 Euro

€€ 80 – 100 Euro

€ bis 80 Euro

Die Preise gelten für zwei
Personen im Doppelzimmer
mit Frühstück in der Saison

**PREISKATEGORIEN
RESTAURANTS**

€€€ über 18 Euro

€€ 12 – 18 Euro

€ bis 12 Euro

Die Preise gelten für ein
Hauptgericht ohne Getränke

INHALT

Eiderstedt → S. 56

Dithmarschen → S. 68

Vor dem Deich → S. 84

Reiseatlas → S. 120

KARTEN IM BAND
(122 A1) Seitenzahlen
und Koordinaten verweisen
auf den Reiseatlas
(0) Ort/Adresse liegt außer-
halb des Kartenausschnitts
Es sind auch die Objekte mit
Koordinaten versehen, die
nicht im Reiseatlas stehen.
(U A1) Koordinaten für die
Karte von Husum und St.
Peter-Ording in der hinteren
Umschlagklappe

**UMSCHLAG HINTEN:
FALTKARTE ZUM
HERAUSNEHMEN →**

FALTKARTE 🗺
(🗺 A–B 2–3) verweist auf
die herausnehmbare Falt-
karte
(🗺 a–b 2–3) verweist auf
die Zusatzkarte auf der Faltkarte

Die besten MARCO POLO Insider-Tipps

Von allen Insider-Tipps finden Sie hier die 15 besten

INSIDER TIPP **Lass dir Zeit**

In der Galerie Lat di Tied auf Nordstrand und in der Nordstrander Töpferei nebenan können Sie zwischen Kunst und Accessoires stöbern und sich mit hausgebackenem Kuchen stärken → S. 53

INSIDER TIPP **Köstlichkeiten mit Weitblick**

Durch bodentiefe Fenster aufs weite Land schauen und sich mit Ziegenkäse im Speckmantel oder Hirschrücken verwöhnen lassen: Das Bistro-Restaurant Seebüll im Nolde-Museum ist eine Gourmetinsel in der Marsch → S. 41

INSIDER TIPP **Glänzendes Gold, strahlendes Silber**

Eine wahre Schatztruhe ist die Domgoldschmiede in Meldorf: Hier wird filigraner Schmuck in friesischer Tradition gefertigt, und im Mineralienkeller können Sie sich die Steine ansehen, die später vielleicht Ihr ganz persönliches Schmuckstück zieren → S. 82

INSIDER TIPP **Schnuppern mit dem Schläger**

Abschlagen ohne Handicap und Mitgliedsausweis – möglich im Golfclub „Am Donner Kleve" in St. Michaelisdonn → S. 104

INSIDER TIPP **Als der Kaufmann noch ein Höker war**

So etwas wie die Urzelle aller Supermärkte ist die alte Hökerei im Haus Peters in Tetenbüll: einst Kaufmannsladen, heute Galerie, Gartencafé und Kunsthandwerksladen (Foto o.) → S. 61

INSIDER TIPP **Kohl, Kraut und Rüben**

Bioaktives Sauer- oder Rotkraut, Sauerkrautsaft und Weißkohlseife: Wie all das gemacht wird, erfahren Sie in der Krautwerkstatt des Kohlosseums in Wesselburen → S. 80

INSIDER TIPP **Heilende und giftige Mixturen**

Die Landapotheke in Burg aus dem Jahr 1839 ist komplett erhalten → S. 83

INSIDER TIPP **Speisekammer hinterm Deich**

Eiderstedts Nordkante: Deich, Marsch und das Bistro Spieskommer – mitten im Nichts. Genießen Sie auf der Terrasse z. B. Muscheln, bevor Sie zu einem Deichspaziergang aufbrechen → S. 100

INSIDER TIPP **Hier bekommt der Wind einen Korb**

In Meldorf werden Strandkörbe geflochten. Kaufen oder einfach mal zugucken → S. 82

INSIDER TIPP **Krabben frisch vom Kutter**

In den Häfen von Büsum und Friedrichskoog können Sie Krabben direkt nach dem Fang erstehen: unvergleichlich gut! → S. 73, 75

INSIDER TIPP **Bildergalerie im Gasthof**

Das Gasthaus Bongsiel ist weit über die Region hinaus bekannt, weil es hier neben sehr guter deftiger Kost wie Aal und Labskaus auch Kunst an den Wänden gibt → S. 36

INSIDER TIPP **Klassische Klänge im Kirchenschiff**

Der Meldorfer Dom mit seinen mittelalterlichen Gewölbemalereien bildet die optisch wie akustisch perfekte Kulisse für die Konzerte des Domchors oder des Rogerius-Ensembles (Foto u.) → S. 81

INSIDER TIPP **Mal mit dem Wind, mal gegen ihn**

Die Wirtschaftswege an den Ufern des Nord-Ostsee-Kanals sind herrliche Radwanderwege – begleitet von Schiffen und Vogelgezwitscher → S. 104

INSIDER TIPP **Kleiner Grenzverkehr**

Zwischen Dänen und Deutschen herrscht ein gedeihliches Miteinander. Küstenurlauber können das in den Grenzkrügen von Rosenkranz bzw. Rudbøl überprüfen → S. 99

INSIDER TIPP **Lauschige Kaffeestunde**

Nachmittägliche Idylle im Garten des Cafés Herzog Friedrich in Friedrichstadt ... → S. 59

BEST OF ...

TOLLE ORTE ZUM NULLTARIF
Neues entdecken und den Geldbeutel schonen

SPAREN

● *Energiewende zum Anfassen*
Wie ist das denn jetzt mit dem Wind und dem Strom? Im *Informationszentrum des ersten deutschen Windparks* finden Sie Antworten, die dank Videos und Modellen spannend aufbereitet sind → S. 76

● *Badevergnügen ohne Kurkarte*
Fast überall an der Küste müssen Sie zahlen, bevor Sie ins Wasser können. Doch es gibt auch Stellen, an denen keine Kurabgabe fällig wird, z. B. in der gesamten *Husumer Bucht* → S. 54

● *Schnitzel und Scholle für lau*
Gleich mehrmals im Jahr startet das gemütliche *Restaurant Zur Linde* in Meldorf die Aktion „Kids zahlen nix": Für jeden zahlenden Erwachsenen darf ein Kind bis 12 Jahre sein Lieblingsessen wählen → S. 83

● *Schiffsrennen der besonderen Art*
In Büsum und Friedrichskoog gehören sie zu den Höhepunkten des Hochsommers: die *Hafenfeste* mit Musik, Schiffsbesichtigungen und Kutterregatta. Sie zahlen keinen Eintritt – und können mit etwas Glück sogar umsonst mitschippern → S. 111

● *Naturkunde für jedermann*
Aquarien, Dioramen, Schaubilder, Videofilme – die *Nationalpark- und Infozentren* sind kleine Naturkundemuseen und die besten Anlaufstellen, wenn Sie mehr über die Natur an und vor der Küste erfahren möchten. Für eine Spende ist man dankbar → S. 54, 90

● *Ein Sommer am Strand*
Von Kinderspielen bis Fitness: Jede Menge Action aller Art bekommen Sie am Strand von St. Peter-Ording geboten (Foto) → S. 62

● *Bauernhof mit Streichelzoo*
Längst nicht nur das namensgebende Grautier wartet auf dem *Eselhof Kristen* bei Krumstedt auf freundliche Gäste. Auch die vielen Veranstaltungen rund ums Jahr kosten keinen Eintritt → S. 80

●●●● Diese Punkte zeichnen in den folgenden Kapiteln die Best-of-Hinweise aus

TYPISCH NORDSEEKÜSTE
SCHLESWIG-HOLSTEIN
Das erleben Sie nur hier

● *Spaziergang auf dem Meeresboden*
Bei einer – geführten – *Wanderung im Weltnaturerbe Wattenmeer* spüren Sie bis in die Fußsohlen, warum dieses Ökosystem so schützenswert ist, z.B. auf dem Weg zwischen Nordstrand und der Hallig Südfall → S. 53

● *Schiffsfahrt im Wattenmeer*
Seehunde auf den Sandbänken beobachten, Krabben fangen, eine Hallig besuchen oder sich einfach den Wind um die Nase wehen lassen – von allen Häfen an der Küste legen Kutter und Ausflugsdampfer ab (Foto) → S. 95

● *Imposante Bauernhöfe*
Überall an der Küste stoßen Sie auf beeindruckende Bauernhöfe und Gutsanlagen – aber die mächtigen *Haubarge* auf Eiderstedt sind etwas ganz Besonderes: Willkommen auf den größten Bauernhöfen der Welt! → S. 20, 67

● *Dicke Pötte ganz nah*
Verbummeln Sie doch einfach mal einen ganzen Tag an den *Brunsbütteler Schleusen*: von oben auf die Schiffe in den Schleusenkammern schauen, in den Restaurants am Kanal schlemmen, mit der Fähre übersetzen und am Elbufer die Sonne genießen → S. 70

● *Im Land des Deichlamms*
Sie sind nicht nur Deichpfleger sondern auch Milch-, Fleisch- und Wolllieferanten, die Abertausende Schafe an der Küste. Zwischen Mai und Juli erfahren Sie bei den *Lammtagen* alles über Käse, Wolle, Filzen, Lammspezialitäten und die Arbeit der Schäfer → S. 110

● *Wenn die Küste in Flammen steht*
Beeindruckend sind die *Biikefeuer*, mit denen die Küstenbewohner am 21. Februar den Winter vertreiben. Gesellen Sie sich dazu und schlemmen Sie mit: Wenn die Feuer halbwegs runtergebrannt sind, gibt's Grünkohl satt → S. 110

● *Lebendiges Brauchtum*
An der Küste ist man stolz auf das, was man dem Meer abgerungen hat – und was man ihm verdankt. Das *Nordsee-Museum* in Husum zeigt effektvoll, was die Identität der Küstenbewohner ausmacht → S. 47

TYPISCH

BEST OF ...

● Museumsbummel in der grauen Stadt
Husum bei Regen ist zwar genauso grau wie
andere Städte, aber ideal für einen Bummel,
z. B. durchs *Weihnachtshaus* oder *Theodor-
Storm-Museum* → **S. 48, 49**

● Eintauchen in die Welt der Wale
So etwas wie das *Multimar Wattforum*
in Tönning mit seinen 36 Aquarien und
dem riesigen Wal-Skelett gibt's nicht
nochmal an der Nordseeküste. Unbedingt anschauen! (Foto) → **S. 65**

● Die Gewalt des Meeres
Dem „Blanken Hans", der bei Sturm tobenden
Nordsee, wollen Sie garantiert nicht begegnen.
Einen äußerst lebendigen Eindruck von der Gewalt
des Meeres bekommen Sie in der *Sturmflutenwelt* → **S. 73**

● Besuch bei „Lümmel" und „Hein"
Wenn Sie den Seehunden in der *Seehundstation Friedrichskoog* einen
Besuch abstatten, sollten Sie auch Juris und Nemirseta, seltenen Ke-
gelrobben, die ebenfalls dort leben, Guten Tag sagen → **S. 75**

● Det gamle Apotek
Julius, ein dänischer Weihnachtswichtel, und seine 58-köpfige Familie
residieren ganzjährig in der *Alten Apotheke* in Tønder. Doch in dem
kleinen Einkaufsparadies gibt es noch viel, viel mehr → **S. 43**

● Zeitreise vor der Leinwand
Filme gucken wie in den 1970ern: In *Eck's Kino* werden zum 3-D-Block-
buster Speisen und Getränke am Platz serviert → **S. 40**

● Im Haus von Ada und Emil
Wenn sich die Blumen im Garten der Noldes unterm Regen ducken,
sorgen die kraftvoll-farbigen Bilder im Haus des berühmten Malers für
den Sonnenschein → **S. 40**

ENTSPANNT ZURÜCKLEHNEN
Durchatmen, genießen und verwöhnen lassen

● *Ein ganzer Tag fürs Wohlbefinden*
Abschalten bei einem „Beauty-" oder „Thalasso-Tag": Die Angebots-kombinationen des *Gesundheits- und Thalassozentrums Vitamaris* in Büsum lassen keinen Wellnesswunsch offen → S. 74

● *Bootsfahrt unter Trauerweiden*
Einen besonderen Blick auf Friedrichstadt gewähren die *Grachtenfahr-ten.* Lassen Sie sich vom Schiffsführer etwas über die Geschichte des „Holländerstädtchens" erzählen, während Sie an schmucken Giebel-häusern vorbeigleiten (Foto) → S. 59

● *Frische Luft und klassische Musik*
Husums Vorort Schobüll besitzt ein gotisches Kleinod: das *Kirchlein am Meer.* Nach einem Spaziergang am Meer runden die regelmäßigen Klassikkonzerte das kontemplative Erlebnis ab → S. 55

● *Friesen-Feeling*
Kaffee mit einem ordentlichen Schuss Rum und Sahnehäubchen: Das ist der „Pharisäer". Der erste seiner Art soll 1872 im – sic! – *Pharisäer-hof* getrunken worden sein → S. 53

● *Nordsee hinter Glas*
Die See ist zu kalt zum Baden? In der *Dünen-Therme* in St. Peter-Ording gibt's echte Brandung im original Nordseewasser. Und von der Sauna aus können Sie das Meer sehen … → S. 63

● *Abendliche Kanaltouren*
In Brunsbüttel legen Ausflugsdampfer zum „Dämmertörn" oder „Riverboatabend" auf dem Nord-Ostsee-Kanal ab – Buffet und Sonnenuntergang inklusive → S. 71

● *Erholung im Club*
Wenn Sie dem Trubel in Bü-sum entfliehen möchten, dann fahren Sie nach War-werort. Genießen Sie auf der Terrasse des Clubhau-ses vom *Golfclub Büsum-Dithmarschen* nicht nur himmlische Ruhe, sondern auch prima Küche → S. 104

ENTSPANNT

AUFTAKT

ENTDECKEN SIE DIE NORDSEEKÜSTE!

Als Erstes ist da der Wind: Bei null ruht er, bis fünf schafft er es nahezu täglich, ab sechs wird er ungemütlich, über zehn gefährlich, erreicht er gar zwölf, meldet das Radio Unwetterwarnungen. Der Wind lässt die Bäume gen Osten wachsen und verpasst den Büschen eine Sturmfrisur. Meistens bläst er aus Westen; mal aus Nordwest, mal kommt er aus Südwest, der „Schietecke", denn von dort bringt er Wolken und Regen mit.

Bei Windstille oder leichtem Ostwind bleibt das Wetter zwar beständig, doch bei ablandigen Brisen plätschert das Meer wie gelähmt vor sich hin, und die Menschen an der Küste fühlen sich „dösig". Ohne Wind ist die Welt an der Nordsee nicht in Ordnung. Er ist hier zu Hause; oft lässt er das Meer „kabbelig" werden: Dann türmen sich Wellen auf, stürzen in sich zusammen, Kämme brechen, die Gischt schäumt, und die Wassermassen werden mit aller Macht gegen das Land gedrückt. Schon immer hieß es für die Menschen im Westen Schleswig-Holsteins, den Naturgewalten zu trotzen.

Bild: Hauke-Haien-Koog

„Büsumer Krabben" kennt man überall – im Büsumer Hafen werden sie angelandet

Rund 300 km lang ist die Deichlinie, die die Landschaft in zwei Teile teilt. Binnen, auf der Landseite, zerschneiden Gräben und Sielzüge das Marschland. Ein ausgeklügeltes Kanalsystem sorgt dafür, dass niemand nasse Füße bekommt. Buten, auf der Seeseite, müht sich der Mensch, das Meer zu zähmen. Seit Jahrhunderten rammt er Pfähle ins Watt, schüttet Erdhaufen auf, zieht Gräben, heute wird auch asphaltiert und betoniert – allein um der stürmischen See, dem „Blanken Hans", die Stirn zu bieten.

Ein Blick auf alte Landkarten zeigt, wie viel Land sich das Meer in den vergangenen Jahrhunderten geholt hat. So ist die heutige Nordseeküste mit den Inseln und Halligen ein Ergebnis vergangener Katastrophen. Nur dank des intensiven Küstenschutzes

700–900
Die ersten Friesen lassen sich in dem dünn besiedelten Land nieder. Sie kommen aus den Mündungsgebieten von Rhein, Weser und Ems

Um 1200
Die Siedler bauen die ersten Deiche, um ihr Land zu sichern

1362
Große „Mandränke": 20 000 Menschen ertrinken. Die Flutkatastrophe zerstört Teile der Küste. Eiderstedt entsteht

1460
Der dänische König Christian I. wird zum Landesherrn von Schleswig und Holstein gewählt

hatte das Meer in den letzten Jahrzehnten kaum eine Chance, sich noch mehr Land einzuverleiben. Die „Landschaft" vor dem Deich ist wahrlich schützenswert. So ist das Wattenmeer, das sich von Holland bis nach Dänemark erstreckt, neben den Alpen das letzte flächendeckende Wildnisgebiet Europas. Hier leben 250 Tierarten, die nur hier vorkommen; im Watt und auf den Salzwiesen entlang der Küste rasten auf dem Zug im Frühjahr und Spätsommer bis zu zwölf Millionen Wat- und Wasservögel.

300 000 Menschen leben an der Westküste Schleswig-Holsteins, südlich der Eider die Dithmarscher (136 000), nördlich die Nordfriesen (167 000). Was sie unterscheidet? Steht ein Nordfriese auf dem Deich, schaut er aufs Meer, mit Wehmut und Stolz. Waren seine Vorfahren doch Kapitäne, Steuerleute, Matrosen. Der Dithmarscher hingegen, so die gern erzählte Anekdote, kehrt der See den Rücken zu. Er blickt auf das grüne, fruchtbare Land und sagt stolz: „All min!" Wind und Wasser haben das Denken und Handeln der Menschen nördlich wie südlich der Eider schon immer bestimmt. Flutkatastrophen raubten den Nordfriesen ihr fruchtbares Land; sie heuerten auf Walfängern an und fuhren zur See.

Wind und Wasser bestimmen Denken und Handeln

Die Dithmarscher blieben zu Hause. Zwar wurden auch sie vom „Blanken Hans" nicht verschont, doch da das Marschland südlich der Eider höher liegt, konnten die Bauern sorgloser ihre Äcker bestellen und von den Erträgen Frau und Kinder ernähren.

1500
Schlacht von Hemmingstedt. Die Dithmarscher Bauern besiegen das viel größere Dänenheer

1559
Die Dänen erobern Heide

1634
Die Burchardiflut zerstört die Insel Strand. Pellworm, Nordstrand und Nordstrandischmoor entstehen. 10 000 Menschen sterben

1773
Schleswig-Holstein wird dänisch

1867
Schleswig-Holstein wird preußische Provinz. Auswanderungswelle nach Amerika

Heute ist der gesamte Küstenstrich zwischen Elbmündung und deutsch-dänischer Grenze, wie es Politiker nennen, strukturschwaches Gebiet. Folglich gibt es für Finanzminister hier wenig zu holen. Und auch dem Arbeitsminister bereitet das platte Land Kopfschmerzen. Werden die Arbeitslosenzahlen bekannt gegeben, steht die Westküste regelmäßig an der Spitze. Attraktive Arbeitsplätze gibt es nur in den Städten. Die Folge: Die Jungen, die Erben von Hof und Acker, sehen hinter dem Deich kaum eine Zukunft. Viele verlassen die Küste. Wer bleibt und allein von Raps, Weizen, Kohl, Schafen und Kühen nicht leben kann, der investiert in eine Biogas- oder eine Solaranlage, um in den Genuss staatlicher Subventionen zu kommen, und er baut Stall oder Dachgeschoss aus, hängt ein Schild in den Vorgarten und hofft so auf ein Zubrot durch Feriengäste.

Dithmarscher wie Nordfriesen wissen: Mit Welle, Wind und Watt allein können sie die Urlauber nicht glücklich machen. Zwar ist die Küste lang, doch Sandstrände gibt es kaum, und schließlich soll der Gast bei Tiefdruck nicht Trübsal blasen. So bieten die Küstenorte eine umfangreiche Palette an Sport, Spiel und Spaß für die ganze Familie.

Multimediale Erlebniswelten statt Museen

Zu Fuß, mit dem Rad oder an Bord eines Schiffs können Urlauber die faszinierende Welt des Nationalparks Wattenmeer kennenlernen. Nahezu jeder Ort an der Küste hat sein Museum; doch da diesem Wort oft etwas Langweiliges anhaftet, spricht man lieber von Erlebniswelten: Multimediale Inszenierungen vermitteln Wissenswertes über das Leben vor und hinter dem Deich.

Und die Bemühungen der Küstenbewohner um ihre Gäste tragen Früchte: Immer mehr Menschen wollen das Land vor und hinter den Deichen entdecken; die Besucherzahlen steigen Jahr für Jahr. Die Erhebung des Wattenmeers zum Weltkulturerbe wird für den Tourismus an der Küste einen weiteren wichtigen Beitrag leisten – und bietet den Verantwortlichen zudem die Chance zu beweisen, dass sie das Konzept der Nachhaltigkeit – gerade bei einem so sensiblen Ökosystem wie dem Wattenmeer – umzusetzen verstehen.

„Es gibt kein schlechtes Wetter, nur die falsche Kleidung!" Diese, zugegeben, etwas kesse Gleichung soll Sonnensüchtige trösten, wenn beim Blick aus dem Fenster mal

1895
Der Kaiser-Wilhelm-Kanal (Nord-Ostsee-Kanal) wird nach acht Jahren Bauzeit eröffnet

1920
Volksabstimmung in Schleswig über die Zugehörigkeit zu Dänemark. Nördlich von Flensburg entscheidet man sich für Dänemark, südlich davon für Deutschland

1927
Der Hindenburgdamm nach Sylt wird nach vier Jahren Bauzeit eingeweiht

1946
Gründung des Bundeslands Schleswig-Holstein. Die dänische Minderheit organisiert sich im SSW

„Entdeckungsreisende" im Nationalpark Wattenmeer

wieder „Schietwetter" aus der besagten Ecke aufzieht. Kein Trost? Nun, vielleicht vertreibt ja die Statistik die letzten Zweifel am Nordseewetter: Von Juni bis August gibt es schlechtestenfalls zehn Regentage im Monat. Die Sonne scheint sieben bis neun Stunden am Tag (!), und die Nordsee erwärmt sich auf erfrischende zwanzig Grad.

Den wahren Nordseefan schert die Wetterkarte ohnehin nicht. Er kommt im Herbst, Winter oder im Frühjahr, holt sich statt eines Sonnenbrands eine kalte Nase, schwört auf das gesunde Reizklima und schwärmt von der Ruhe. Auch die Küstenbewohner sind nicht traurig, wenn die meisten Gäste weg sind, ihr Leben wieder beschaulich wird. Ihnen wird ja eh nachgesagt, sie seien wortkarg. Wahr ist, dass der Mensch hinter dem Deich gern auch mal schweigt, länger, als es so mancher Stadtbewohner aushalten mag. Wer viel fragt, bekommt hier nur kurze Antworten, ein kehliges „Jo" vielleicht oder ein lang gezogenes „Dooch". Mehr nicht. Und dies ist bitte nicht als Ablehnung zu verstehen. Im Gegenteil: Gemeinsam auf der Bank vor dem Haus oder am Deich sitzen, in die Weite schauen und schweigen – das ist Glück an der Nordseeküste.

1985
Der Nationalpark „Schleswig Holsteinisches Wattenmeer" wird eingerichtet; 1999 wird er auf 4410 km² erweitert

1999
Der Orkan „Anatol" verursacht schwere Schäden an der gesamten Küste

2002
Im schleswig-holsteinischen Wattenmeer sterben 3300 Seehunde am Staupevirus; 2009 hat sich der Bestand erholt: 7000 Tiere werden gezählt

2009
Das schleswig-holsteinische Wattenmeer erhält von der Unesco den Status eines Weltnaturerbes

IM TREND

1 Naturgewaltig

Die See tobt Die Natur mit aller Macht erleben. Stormwatching ist ein US-Trend, der hierzulande Fuß fasst. „Blanker Hans" wird die Nordsee bei Sturmflut genannt, und so ist „Der Blanke Hans kommt" das Motto, unter dem *Husum Tourismus* zu einem dreitägigen Aufenthalt mit Nervenkitzel lädt *(Historisches Rathaus, Großstr. 27)*. Ein Besuch im 1500 m² großen Sylter *Erlebniszentrum Naturgewalten* ist für all jene Pflicht, die mehr über die Kräfte der Natur erfahren wollen *(Hafenstr. 37, List, Foto)*. Hautnah erlebt man die ungezügelte Natur im spektakulär gelegenen Hotel *Anker's Hörn* *(Mayerswarf 2, Langeneß)*.

2 Creative Cooking

Kunstwerke aus dem Garten An den Herden regiert die Kreativität. Heißer Kohl-Smoothie ist die Spezialität im *Stadtcafé (Königstr. 8–10, Marne)*. In *Jan's Restaurant & Café* werden Rote Bete zu Püree verarbeitet und fangfrischer Fisch mit Kräuterkruste und Gartengemüse serviert. Kunstvoll angerichtet kommen die Speisen auf den Tisch *(Böhler Landstr. 153, St. Peter-Ording, Foto)*. Regionales wird im reetgedeckten *Deichgraf* großgeschrieben. Der Chef kocht selbst, bevorzugt Lammgerichte *(Hattstedtermarsch 43, Hattstedtermarsch)*.

3 So rockt der Norden

Live & laut Sie überzeugen mit ihren Liveauftritten: *The Loonatics* sind die Shootingstars der Funk-Rock-Szene *(www.myspace.com/loonatics funk)*. Hören kann man die Band u. a. im *Leck Huus,* der denkmalgeschützte Bauernhof ist eine Konzerthalle *(Allee 32, Leck, Foto)*. Einen Besuch wert ist das Festival *Wattstock (Am Freizeitbad, Brunsbüttel)*.

Zwischen Wasser und Sand

Sportlich Die perfekte Welle gibt es an der Nordseeküste schon lange, jetzt erobern Funsportler auch den Strand. Zum Beispiel mit dem Kitebuggy, mit dem man dank Segel mit bis zu 100 km/h über den 12 km langen Strand von St. Peter-Ording flitzt *(Kitebuggyfahrschule St. Peter-Ording, Landstr. 23, St. Peter-Ording, Foto)*. Nicht ganz so exklusiv wie beim Original geht es beim *Strand Polo World Cup* zu. Dann verwandelt sich der Hörnumer Oststrand in eine Polo-Arena *(Polo Club Sylt, www.po losylt.de)*. Auch Nordic Walking erfindet sich neu: Bei Ebbe wagen sich die Walker ins Watt vor Hooge – das geht in die Beine *(Treffpunkt: Uns Hallig Hus, Hanswarft, www.halligführung.de)*.

Pro Natur

Einsatz für die Umwelt Die Naturschützer der Region sind Menschen der Tat – sie packen mit eigenen Händen an. Beispielsweise auf den Orchideenwiesen im *Naturschutzgebiet Wildes Moor* bei Schwabstedt. Freiwillige mähen die Wiese und kümmern sich um den Abtransport des Grases *(Geschäftsstelle: Osterende 61, Husum, www. vorort.bund.net/nordfriesland)*. In Mildstedt und Husum wurden im Rahmen des Projekts *Zukunftswald* 2000 Obstbäume gepflanzt. Über deren ökologische Bedeutung kann man sich am Infostand schlau machen und sich Ideen für den eigenen Garten holen *(Ortsgruppe Husum: Am Sand 2, Uelvesbüll)*. Damit auch Besucher den Artenreichtum der Region kennen- und schätzen lernen, bildet Schleswig-Holstein Naturführer aus. Sie zeigen Interessierten die Marschlandschaften und die Moore, verwachsene Obstgärten oder alte Nordseedeiche *(www.naturführer-sh.de)*.

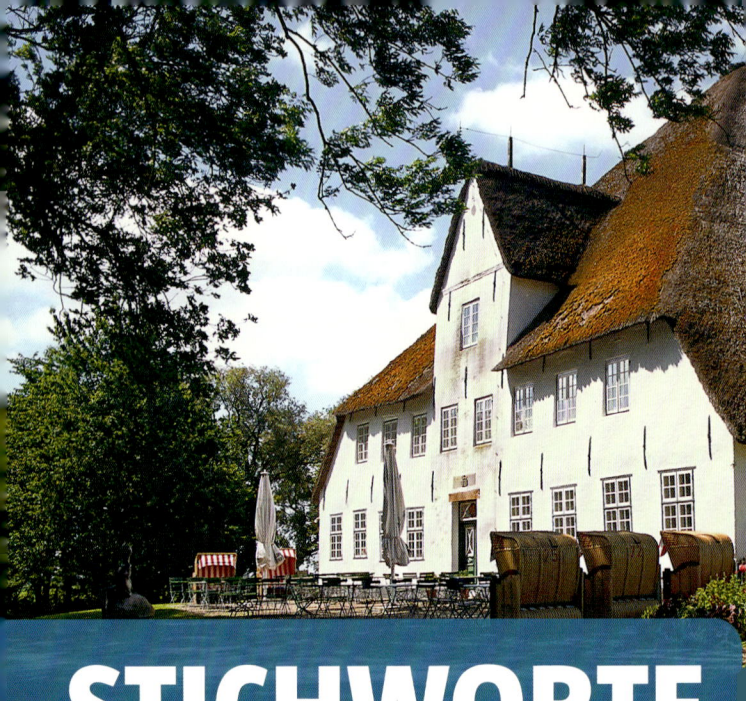

STICHWORTE

DEICHE

Friesen aus dem Gebiet der Rheinmündung brachten die Fertigkeit des Deichbaus um das Jahr 1000 ins Land. 2–3 m hoch waren die ersten Erdwälle, die das Wasser zurückhalten sollten. Natürlich reichte diese Deichhöhe nicht aus, das Land vor Sturmfluten im Herbst und Winter zu schützen. Diese sogenannten Überlaufdeiche oder auch Sommerdeiche dienten lediglich dazu, Weiden und Felder zumindest im Sommer trocken zu halten. Einst war der Deichbau Knochenarbeit. Die ersten Deiche wurden von Hand, mit Schaufeln und Schubkarren aus Klei, also Marschboden aufgeschüttet. Der Deich des 21. Jhs. ist bis zu 8 m hoch, hat einen Sandkern mit einer Kleidecke. Der Vorteil: Die Deichbauer benötigen weniger kostbaren Marschboden und können sich den reichlich vorhandenen Sand aus dem Meer holen. Um das Grün kümmern sich vierbeinige Helfer: Schafe ziehen über die Deiche, halten das Gras kurz und verdichten den Boden, sodass Maulwürfe und Mäuse kaum eine Chance haben, im Deich herumzuwühlen.

FAUNA MAL FÜNF

Als das Wattenmeer zum Weltnaturerbe erklärt wurde, haben sich die Touristikstrategen in der ihnen eigenen Sprache mal wieder etwas einfallen lassen: die „Big Five", die „Small Five" und die „Flying Five". Aber: Was zunächst nur nach einem weiteren Marketinggag aussieht, ist bei näherer Betrachtung

Bild: Roter Haubarg

Von Gezeiten und über den Wind: Interessantes über das Leben und die Natur hinter und vor den Deichen

durchaus sinnvoll. Unter diesen Slogans sollen Besuchern die wichtigsten und spektakulärsten tierischen Bewohner im Meer, im Watt und an der Küste nahegebracht werden: Seehund, Kegelrobbe, Schweinswal, Stör und Seeadler sind die „Großen"; Strandkrabbe, Nordseegarnele („Krabbe"), Herzmuschel, Wattschnecke und Wattwurm die „Kleinen", und Silbermöwe, Ringelgans, Brandgans, Austernfischer und Alpenstrandläufer bilden die Kategorie der „Fliegenden". Überall in der Region werden zu diesen

„fünfzehn" Veranstaltungen und Führungen angeboten.

GEZEITEN

Unter Gezeit oder Tide werden Wasserstandsänderungen des Meers verstanden. Der täglich zweimalige Höchststand wird als Hochwasser, der Niedrigstand als Niedrigwasser bezeichnet. Wobei der Begriff Hochwasser nichts mit Über-die-Ufer-Treten zu tun hat. An der Küste spricht man dann von Sturmfluten. Hochwasser hingegen ist an der Nordsee alltäglich. Ursache für die Gezeiten sind die Anziehungs- und Fliehkräfte von Erde, Mond und Sonne.

Einerseits baut der Mond mit seiner Anziehungskraft auf der ihm zugewandten Erdhälfte Wassermassen auf, einen sogenannten „Flutberg"; andererseits entstehen durch die Drehung der Planeten Fliehkräfte, sodass sich auf der anderen Erdhälfte ebenfalls ein Flutberg bildet.

Stunden fällt der Wasserspiegel. Die Differenz zwischen diesen beiden Wasserständen wird Tidenhub genannt; er liegt an der Nordsee zwischen 2 und 4 m. Stehen Erde, Mond und Sonne in einer Linie, addieren sich die Anziehungskräfte, Ebbe und Flut sind dann besonders stark (Springtide); stehen Sonne und Mond im rechten Winkel zur Erde, sind die Gezeiten besonders schwach (Nipptide).

Küstenschutz: Bruchsteinbänke dienen der Landgewinnung und schützen so die Salzwiesen

Da diese Kräfte Wassermassen binden, schaffen sie zugleich „Ebbtäler". Nun dreht sich die Erde alle 24 Stunden einmal um ihre eigene Achse, was bedeutet, sie dreht sich unter den Flutbergen und Ebbtälern hindurch. Folglich hat jeder Punkt der Erde zweimal einen Flutberg und ein Ebbtal. Eine Tide, bestehend aus Ebbe und Flut, dauert an der Nordsee 12 Stunden, 25 Minuten. Zirka sechs Stunden steigt das Wasser an, sechs

H AUBARG

● Die mächtigen Höfe auf Eiderstedt sind einzigartig. Die ersten dieser größten Bauernhäuser der Welt wurden um 1600 errichtet. Die Idee: alles unter einem Dach. Kernstück eines Haubargs ist der „Vierkant". Vier gewaltige Eichenpfähle, die „Ständer", die auf Findlingen im Erdreich stehen, tragen das wuchtige, bis zu 20 m hohe Reetdach. Größere Haubarge haben gar mehrere Vierkante aus sechs oder acht Ständern. In diesem Vierkant wurde das Heu „geborgen" (daher Haubarg), drum herum wurde das Getreide gedroschen, das Vieh versorgt, die Arbeitspferde gehalten; und im Südteil, auf der Sonnenseite, lebte die Familie. Vor 200 Jahren gab es auf Eiderstedt etwa 400 Haubarge. Heute stehen noch ca. 50, die meisten davon sind in Privatbesitz. Besichtigen können Sie den Roten Haubarg in Witzwort *(siehe S. 67)*, den Haubarg Peerboos in Vollerwiek *(www.haubarge.de)* und den Mars-Skipper-Hof in Kotzenbüll *(www.eingartenfuerdie sinne.de)*.

KOOG

Eingedeichtes Marschland nennt man Koog. Ein solcher entsteht in drei Schritten: Erst wird das Land gewonnen (siehe Lahnungen) und als sogenanntes Vorland gepflegt. Hat dieses die „Deichreife" erreicht, kann es eingedeicht, bewirtschaftet und schließlich besiedelt werden. Deichreif ist ein Vorland, wenn es eine bestimmte Höhenlage erreicht hat und der Boden landwirtschaftlichen Anforderungen genügt, wenn dort also bestimmte Pflanzen, z. B. Weißklee, wachsen können. Die Zeiten der Eindeichung zur Gewinnung von neuem Ackerland sind lange vorbei. Neue Deiche und Köge dienen heute ausschließlich dem Küstenschutz.

KRABBEN

Bei den außerordentlich schmackhaften gekrümmten rosa Würmchen, die Sie an der Küste als „Krabben" oder „Büsumer Krabben" im Brötchen, in der Suppe oder unterm Spiegelei zu sich nehmen, handelt es sich eigentlich um Nordseegarnelen (Crangon crangon). Sie werden im Wattenmeer von Krabbenkuttern z. B. aus Büsum und Friedrichskoog mit Grundschleppnetzen gefischt und noch an Bord gekocht – erst dadurch bekommen die blassbeigen Tiere ihre rosabraune Farbe. In allen Häfen an der Küste werden die Tierchen direkt vom Kutter verkauft. Lassen Sie sich den unvergleichlichen Genuss frisch „gepulter" (geschälter) Krabben nicht entgehen und vom Fischer kurz zeigen, wie man so eine Garnele von ihrem Panzer befreit: Es ist leichter, als man denkt – und außerdem erheblich günstiger, als gepulte Krabben im Laden zu kaufen. Um ein Pfund Krabbenfleisch zu erhalten, müssen Sie etwa drei Pfund Krabben pulen.

LAHNUNGEN

Sie teilen das Vorland, die Wiesen und das Watt vor dem Deich in Landgewinnungsfelder. Diese Pfahlzäune beruhigen das aufgelaufene Wasser, dämpfen die Wellenbewegung; zwischen den Lahnungen bilden sich sogenannte Stillwasserzonen. Hier setzen sich die von der Flut angespülten Sedimente ab. Diese sogenannte Aufschlickung ist der erste Schritt der Landgewinnung. Bei wind- und strömungsgünstiger Wattlage fallen bis zu 30 cm Schlick im Jahr an; in ungünstigen Küstenabschnitten können es auch nur 2 cm sein.

Lahnungen müssen schwere Sturmfluten und auch den Eisschub im Winter überstehen. Deshalb werden die Pfähle mit Motorhilfe in Doppelreihen tief in den schweren Schlickboden gerammt. Der Zwischenraum wird mit Heidekraut und Buschwerk gestopft. Um die Reihen zusätzlich zu stabilisieren, werden die Pfähle kreuzweise mit verzinktem Draht fest verspannt.

MOIN

Glauben Sie bloß nicht, die Küstenmenschen würden sich von Sonnenauf- bis Sonnenuntergang einen guten Morgen wünschen. Der Ruf *Moin* meint nicht Morgen. *Moi* heißt auf Plattdeutsch: gut, schön. Entsprechend bedeutet *Moin:* einen Guten. Wird Ihnen ein freundliches *Moin* zugerufen, grüßen Sie mit einem einfachen *Moin* zurück, niemals mit einem *Moin, Moin!*, das ist für die Nordfriesen Touristenplatt. Zur Aussprache: In *Moin* gibt es kein j. Also nicht *Meujen*. Richtig ist ein kurzes *Meun*, ähnlich wie neun. Verabschieden Sie sich, sagen Sie einfach *Tschüs!*

Mehr plattdeutsche Begriffe finden Sie im Kasten „Plattdüütsch" *(siehe S. 95).*

R EET

Das auch Ried genannte Schilfrohr wird in Bündeln im Winter geerntet. Dann sind die Blätter welk, und die saftlosen Halme lassen sich gut schneiden. Da der heimische Reetbestand lange nicht mehr genügt, werden die Halme aus Rumänien und Ungarn importiert. Frisch gedeckt hat die Strohhaube eines Hauses eine Stärke von 40 cm. Das Reetdach hat an der stürmischen Küste den Vorteil, dass es dem Wind nachgibt; manch starke Böe, die ein Pfannendach abdecken würde, kann der dicken, aber weichen Halmhaube nichts anhaben. Und das Stroh isoliert: Im Winter hält es die wohlige Wärme, im Sommer sorgt es unter dem Dach für kühle Räume. Kommt ein Reetdach in die Jahre, haben Wind und Wetter an den Halmen gezerrt, wird die Strohlage dünner. So hat ein Reetdach eine Lebensdauer auf der Wetterseite von dreißig bis fünfzig Jahren, auf der geschützten Seite kann es bis zu hundert Jahre alt werden.

Einziger Nachteil eines Strohdachs und für die Besitzer zugleich ein Albtraum: Reet ist leicht entzündbar. Brennt das Dach, führt solch eine Katastrophe meist zum Totalschaden. So sind die Versicherungsprämien im Vergleich zum sogenannten Hartdach dreimal so hoch.

R EIZKLIMA

Jeder Nordseeurlauber schwärmt davon: Es ist ja so gesund! Doch was reizt am Reizklima? Bereits die alten Römer wussten: „Neptunus omnia sanat – das Meer heilt alles." Für den Badearzt der Neuzeit sind es drei Dinge, die den Menschen an der Küste „reizen": der Wind, die Luft und das Wasser, wobei der Wind dies am intensivsten tun kann. Sein Zerren und Drängen gleicht einer Massage und hat direkten Einfluss auf die Nervenzellen und Blutgefäße in der Haut. Zudem ist er staub- und allergenfrei und mit feinen Mineralsalzen durchsetzt. Besonders reizvoll sind Spaziergänge nah der Wasserlinie. Dort ist die Luft feucht, und sie belebt dank ihres hohen Jodgehalts alle Drüsen mit hormoneller Funktion. Am Strand und bei Ebbe auf den Watten atmen Sie zehnmal mehr Jod ein als im Binnenland. Dritter im Bunde des Reizklimas ist das Wasser. Ein Bad im Meer belebt, nicht nur weil das Wasser kalt ist, auch Wellen, Salz und Gasbläschen im Schaum der Gischt massieren den Körper, röten die Haut.

Und noch etwas regt das Nordseeklima an: Ihren Appetit. Die Seeluft erhöht den Stoffwechsel, Ihr Körper verbrennt mehr Kalorien. Die Folge: Sie haben Hunger. Ob Sie sich diesem Reiz hemmungslos hingeben, das müssen Sie selber entscheiden.

S PRACHE

Was Sie auf dem Markt oder beim Bäcker nicht verstehen, ist oft ein Gemisch aus vielen Sprachen. Dazu muss man wissen, dass im Land Schleswig-Holstein fünf Sprachen gesprochen werden: die zwei Standardsprachen Hochdeutsch und Reichsdänisch und die drei Volkssprachen Niederdeutsch (Plattdeutsch, kurz: Platt), Friesisch und Jütisch. Dabei ist die Nordseeküstenregion, besonders die Wiedingharde im Norden Nordfrieslands, das Babylon des Landes. Hier reicht das Sprachengewirr bis in die Familien. Die Großeltern sprechen Friesisch oder Jütisch, unterhalten sich mit ihren Kindern auf Niederdeutsch. Diese wiederum sprechen mit ihren Kindern, den Enkeln, Hochdeutsch.

Man schätzt, dass etwa 8000 Friesen die Sprache ihrer Vorfahren beherrschen. Was nicht heißt, dass ein Inselfriese einen Festlandfriesen versteht, denn im Friesischen gibt es wiederum zig Dialekte. Sind die Einheimischen unter sich, sprechen sie ihre Sprache. Das ist Teil ihrer Identität. Wollen die Enkel den Großvater verstehen, können sie in der Schule freiwillig Friesisch lernen.

WINDKRAFT

Schleswig-Holstein ist Weltmeister in Sachen Windenergie. 2790 Windräder drehen sich zwischen Nord- und Ostsee. Anfang der 70er-Jahre experimentierten Israel, Dänemark, die USA und Deutschland mit dem Wind als Stromerzeuger. In Schleswig-Holstein ging die erste Großwindanlage, kurz „Growian", 1983 ans Netz, das riesige Windrad wurde jedoch ein Flop. Den Erfolg brachten viele kleine Räder: So wurde 1987 im Kaiser-Wilhelm-Koog der erste Windpark mit 32 Windanlagen in Betrieb genommen. Bund und Länder subventionieren den Bau, die Bauern wittern ein gutes Geschäft. Der Wildwuchs der „Energiespargel" führte zu einer heftigen Debatte im Land: Befürworter berufen sich auf den Umweltschutz, die Gegner fürchten um die Schönheit der Landschaft. Inzwischen dürfen nur noch in ausgewiesenen Gebieten Räder aufgestellt werden. Doch auch die Akzeptanz der Bürger ist größer geworden.

Da es im Land zwischen den Meeren zu eng wird, heißt die Zukunft Offshore-Windkraftanlagen draußen in der Nordsee: Bislang sind vor Schleswig-Holstein sieben sogenannte Offshore-Windparks mit insgesamt 790 Windanlagen genehmigt. Aber auch hier regt sich Widerstand, denn wie so oft wird erst genehmigt, dann geprüft: Meiden Fische aufgrund der Vibration der Anlagen das Gebiet, und ist damit den Fischern ihre

Gespräch, auf Plattdeutsch: Klönsnack

Existenzgrundlage entzogen? Inwiefern beeinflussen die riesigen Mühlen den Vogelzug, und wie kommt der Strom von den Anlagen ohne substanzielle Eingriffe in den Nationalpark Wattenmeer zu den Relais an Land? Keine dieser und anderer Fragen war bei Redaktionsschluss geklärt. Das ehrgeizige Ziel der Landesregierung, die Hälfte des Stroms in Schleswig-Holstein mittels Windenergie zu erzeugen, rückt näher. 2010 waren es bereits 40 Prozent, 2020 sollen es 100 Prozent sein.

ESSEN & TRINKEN

Die einen locken mit friesischen Farben, maritimem Dekor, die anderen haben den Charme einer Bahnhofsgaststätte: die Fassade zugepflastert mit Brauereileuchtwerbung, die Fenster verhängt mit Gilbgardine. Doch lassen Sie sich nicht abschrecken. Ob schick oder schäbig, das Ambiente sagt nichts über den Koch und seine Künste. Manch einer, der sich in eine solche Lokalität hineinwagte, schwärmt noch heute vom Heringstopf mit Bratkartoffeln und den Typen am Tresen.

Fisch – na klar! Aal, Scholle, Makrele werden fangfrisch serviert. Auf dem Teller ist die Scholle Spitzenreiter; zwischen zwei Brötchenhälften geklemmt, liegen Rollmops, Bismarck- oder Brathering vorne, dicht gefolgt von Krabben und Lachs.

Achten Sie bei der Wahl der Fischbude auf das Schild „Warme Fischbrötchen". Hier werden die Brötchenhälften leicht angeröstet. Köstlich!

Scholle gibt es in zig Variationen auf der Speisekarte. Wer Gräten fürchtet, die Haut nicht mag und den Plattfisch auf dem Teller nicht zu bändigen weiß, der bestellt Filets, gebacken in dünner Panade. Wenn Ihnen auf der Speisekarte das Wort „Pannfisch" begegnet, dann ist das kein spezielles Flossentier, sondern in der Pfanne gebratene Filetstücke verschiedener Fischsorten, meist mit Senfsoße und Bratkartoffeln dazu. Unbedingt probierenswert!

Beliebte Vorspeise ist die Krabbensuppe. Serviert wird sie in einer Suppentasse – heiß muss sie sein, gekrönt mit einer

Bild: Lammbraten mit Bohnen

Mehlbüdel, Porren und Tote Tanten: Die Westküste hat ihre eigenen, ganz besonderen Gerichte und Getränke

Sahnehaube. Sättigender ist das „Halligbrot". Auf einer Scheibe Schwarzbrot, dünn mit Butter bestrichen, werden Rührei und Krabben angehäuft. Ist die Brotscheibe unter einer guten Portion nicht zu sehen, hat es der Koch gut mit Ihnen gemeint.

Eine Ente ist eine Ente, und ein Lamm ist ein Lamm. Von wegen! An der Nordseeküste werden Enten als „Koogenten" angepriesen, hier ist ein Lamm ein „Deichlamm" oder gar ein „Salzwiesenlamm". Wenn das Schaf zu Lebzeiten tatsächlich das Gras auf dem Deich kurz gehalten hat, dann handelt es sich wahrlich um eine Delikatesse. Für Feinschmecker beginnt die Lammzeit Ende Mai, Anfang Juni. Dann sind die Tiere ein halbes Jahr alt und haben sich auf Deich und Wiesen schlachtreif gefuttert. Das Fleisch ist zart, fettarm und somit leicht bekömmlich. Wer an dieser Stelle die Nase rümpft, dem sei versichert: Lammfleisch stinkt nicht nach Hammel! Was die Zubereitung angeht, erwarten Sie nicht die Raffinesse provençalischer

SPEZIALITÄTEN

▶ **Friesentorte** – Sahne und Pflaumenmus zwischen zwei Blätterteiglagen

▶ **Futjes** – rundes, mit Quark, Pflaumen- oder Apfelmus gefülltes Hefeteiggebäck, goldbraun ausgebacken

▶ **Köm** – Destillat aus Kümmelsamen und anderen Kräutern

▶ **Labskaus** – zu einem Eintopf zusammengekochtes Pökelfleisch, Kartoffeln, Zwiebeln und Rote Bete. Dazu gibt es Hering und ein Spiegelei

▶ **Matjes** – junge Heringe, eingelegt in milder Salzlake

▶ **Mehlbüdel** – Kloß aus Mehl, Eiern, Hefe, Milch in einem Leinenbeutel (Büdel) gegart und süß mit Fruchtsoße, Zimt, Zucker (Foto re.) oder würzig mit Schweinebacke und Senf gegessen

▶ **Muck** – bei Zeltfesten, Feuerwehrbällen etc. trinkt man Muck. Eine „harte" Mischung aus Limonade und Weinbrand oder Cola und Korn

▶ **Pharisäer** – starker Kaffee mit Rum, Zucker und Sahnehaube

▶ **Porren in Suur** – Krabben in Weingelee mit Zwiebeln, Lorbeerblatt und Pfefferkörnern

▶ **Porrenpann** – Krabben (plattdeutsch: Porren) mit Frühkartoffeln und Petersiliensoße

▶ **Punsch** – schwarzer Tee (2/3) mit Geele Köm (1/3) und Zucker

▶ **Scholle „Büsumer Art"** – gefüllt mit Krabben

▶ **Scholle „Finkenwerder Art"** – gebraten mit Speck (Foto li.)

▶ **Suure Rull** – Pansenrolle, gefüllt mit Schweinefleischstücken, sauer gekocht, anschließend in Scheiben geschnitten und kross gebraten. Dazu gibt es Steckrüben

▶ **Tote Tante** – heißer Kakao mit Rum und Sahnehaube

▶ **Wiensupp mit Schink** – eine Weinsuppe wird mit Graupen, Korinthen, Rosinen, Zucker, Eiern gekocht. Dazu isst man frisches Weißbrot, belegt mit gekochtem Schinken

Küche à la Thymian und Rosmarin. Auch mit Knoblauch haben viele Köche an der deutschen Nordseeküste noch nicht Freundschaft geschlossen. Dennoch: Entdecken Sie Lamm auf der Karte, sollten Sie es sich auf keinen Fall entgehen lassen. Und seien Sie nicht misstrauisch: Die Küstenköche werden es kaum wagen, Ihnen Lamm aus Neuseeland zu servieren.

Dithmarschen hat das größte Kohlkopfaufkommen Europas. Jährlich ernten die Dithmarscher für jeden Bundesbürger mindestens einen Kohl. So ist es kein Wunder, dass an der Küste das einstige Armeleutegemüse im Topf Karriere macht. Als Auflauf, Eintopf, Roulade, Salat; allerlei raffinierte Rezepte füllen Kochbücher und Speisekarten. Die Saison der Weiß-, Rot-, Spitz-, Rosen- und Blumenkohlköpfe beginnt im Herbst; nach dem ersten Frost kommt Grünkohl auf den Teller. Das traditionelle Wintergemüse hat – wie auch der Weißkohl – einen besonders hohen Vitamin-C-Gehalt. Um den Vitaminschock etwas abzufedern, wird er mit Kochwurst, Schweinebacke, Kasseler und kleinen, süß-karamellisierten Kartoffeln serviert. Ein solch deftiges, nicht gerade fettarmes Mahl verdaut sich nicht so leicht. Lassen Sie sich von einem eisigen Aquavit helfen. Gut tut solch ein klarer Helfer auch nach einem Eintopf. Ob „dicke" Töpfe mit Fisch, Fleisch und Hülsenfrüchten oder „dünne", klare Suppen mit Grießklößchen und Frühlingsgemüse – im Kreieren von Köstlichkeiten in nur einem Topf sind die Küstenköche wahre Meister. Speck mit süßen Kartoffeln, Fisch mit gedörrtem Obst, Gänsekeule süßsauer – die Vorstellung solcher Mixturen mag manchen Gaumen verschrecken, aber nach dem ersten Löffel … Die beste Zeit für den Star unter den Eintöpfen – Bohnen, Birnen und Speck – ist der Spätsommer; dann sind die kleinen Kochbirnen reif, die Bohnen zart, und vom Schinken gibt es den Speck. Apropos Speck: Wenn Sie davon nicht genug auf den Rippen haben, machen Sie Bekanntschaft mit dem Großen Hans! Den köstlichen, im Wasserbad gegarten Teigpudding mit Rosinen gibt's als Hauptgericht mit Schweinebacke und Backobst oder als Nachtisch mit Fruchtsoße übergossen.

Überall gibt es lauschige Gaststätten – wie diese in St. Peter-Dorf

Rote Grütze ist schon lange kein norddeutsches Geheimnis mehr. Wenn Sie Glück haben, sind die roten Beeren tatsächlich hausgemacht: mit Apfelsinensaft, Zimt und Zucker zur Grütze eingekocht. Serviert wird die rote Köstlichkeit mit Milch oder flüssiger Sahne. Hochprozentiges wird an der Küste gern „heimlich" getrunken. So werden in Kaffeetassen und Kakaobechern wärmende Geister versteckt. Lässt der „Punsch" noch ahnen, dass hier nicht nur der Tee belebt, denkt man bei „Pharisäern" und „Toten Tanten" an nichts Böses. Doch was sich unterm Sahnehäubchen verbirgt, hat es in sich. Kaum weniger Prozente hat der Eiergrog. Was da sahnegelb im Glas schimmert – geschlagenes Eigelb, Zucker, Rum, heißes Wasser – wärmt von den Haar- bis in die Fußspitzen – übrigens ein uraltes Hausmittel bei Erkältung.

EINKAUFEN

Im Urlaub lässt man sich ja gern verführen; gönnt sich dies und das, was es zu Hause nicht gibt. Ein Souvenir, das an den Urlaub erinnern soll, ein Mitbringsel für die Daheimgebliebenen oder Leckeres, was zu Hause Erinnerungen an die Tage an der Küste weckt.

DÄNISCHES

Im Königreich gibt es Design, Kerzen, Möbel, Tabak und viele Sorten süßen Kuchen. Die Möbelhäuser in Tønder haben in den Sommermonaten auch samstags und sonntags geöffnet und liefern Bett, Schrank und Sofa meist kostenlos auch nach Deutschland. Für Küche und Wohnzimmer gibt es zudem schickes dänisches Design und all den Schnickschnack, den man zwar nicht braucht, aber schön findet. Wer Geld ausgeben möchte, der findet edle Leuchter und Gläser skandinavischer Glasbläsereien, Porzellan der Manufaktur „Royal Copenhagen" oder Besteck und Accessoires des dänischen Gold- und Silberschmieds Georg Jensen.

KÖSTLICHKEITEN

Lammmettwurst, -schinken oder geräucherte Keule, Wurst vom Galloway- oder vom Highlandrind sowie Schafs- oder Ziegenkäse, gekauft am letzten Urlaubstag, gehören in die Kühltasche. Haltbarer sind ein Glas rote Grütze oder Marmelade z. B. aus Sanddorn sowie eingewecktes Sauerfleisch. Mittlerweile gibt es diese Köstlichkeiten auch in Bioqualität, nicht nur in den zahlreichen Hofläden, sondern auch in normalen Geschäften. Auch Tee können Sie sich mitnehmen, doch Vorsicht: Es gibt obskure Mischungen, deren fantasievolle Verpackungen mehr versprechen, als ihr Inhalt hergibt. Wem das egal ist, der kann den Tee mit einem Schuss hochprozentigem Köm veredeln. Nachteil all dieser Köstlichkeiten: Sie sind vergänglich und schmecken zu Hause doch irgendwie anders.

KÜSTENKITSCH

Anker für die Hausschlüssel, Flaschenöffner mit handschmeichelnder Badenixe, getrocknete Seesterne, Schneckenhäuser, die es in der Nordsee nicht gibt, die dafür aber am Ohr rauschen; Pharisäertassen mit Inhaltsangabe oder ein Leuchtturm für den Vorgarten: Wer Küstenkitsch liebt, kommt ganz auf seine Kosten. Und für die Kinder gibt es Seehunde, Lämmer, Plüschflundern & Co. zum Kuscheln.

Küstenkitsch, Souvenirs, Praktisches, Kleidsames, Leckeres, Flüchtiges und ein paar Ideen für die Ewigkeit

KUNSTHANDWERK

Die Schilder „Galerie" und „Töpferei" am Straßenrand versprechen Kunst und Handwerk. Nehmen Sie sich die Zeit, und schauen Sie mal rein. Ob es sich bei dem Aquarellleuchtturm oder der Küstenlandschaft in Öl nun um Kunst handelt, darüber lässt sich streiten. Letztendlich entscheiden Sie, ob es zu Hause noch einen Platz an der Wand gibt. Dem Töpfer an seiner Drehscheibe über die Schulter zu schauen ist faszinierend, und womöglich erstehen Sie ein Service, gebrannt mit friesisch-farbiger Glasur. Sollten Bilder, Becher und Kannen ein Preisschild tragen, geben Sie dennoch ein Gebot ab. Handeln ist erlaubt!

MODE

Absolut regional authentisch sind die blau-weißen Fischerhemden. Sie wehen nicht nur auf dem Bügel vor den Souvenirläden, sondern es gibt sie auch im Fachgeschäft. Komplett ist die Tracht mit einem roten Halstuch. Wem das nicht reicht, der setzt sich eine Pudelmütze oder die blaue Schirmmütze namens „Elbsegler" auf. Zu Hause zweifelt dann niemand mehr, dass Sie von der Küste kommen.

WARMES

Es soll doch etwas für die Ewigkeit sein? Wie wäre es mit einem Fell vom Schaf, hell oder dunkelbraun? Solch eine natürliche Wärmflasche kaufen Sie besser dort, wo Bock und Lamm zu Hause sind, sonst kann es Ihnen passieren, dass Sie ein Schnuckenfell aus der Lüneburger Heide in der Kinderkarre oder auf dem Autositz spazieren fahren. Wem ein ganzes Fell gar zu tierisch ist, wer aber auf wärmende Wolle nicht verzichten möchte, für den bleiben ein paar Knäuel Wolle – handgesponnen und naturgefärbt. Daheim ist dann jede Masche mit einer schönen Erinnerung verbunden.

DIE PERFEKTE ROUTE

SCHIFFSPASSAGEN & BACKSTEINGOTIK

Einmal von der Aussichtsplattform oder vom Yachthafen aus zuschauen, wie dicke Pötte und schnittige Yachten die Schleusen des ① *Nord-Ostsee-Kanals* → S. 70 passieren – das ist das Highlight in ② *Brunsbüttel* → S. 69. Da die Stadt ansonsten nicht so viel zu bieten hat, nehmen Sie Fahrt auf und die Straße nach St. Michaelisdonn. Hinter St. Michel, wie die Einheimischen sagen, führt das Asphaltband durch eine abwechslungsreiche, baumbestandene Landschaft und bringt Sie nach ③ *Meldorf* → S. 80. Lassen Sie Ihr Auto auf dem Marktplatz zu Füßen des beeindruckenden gotischen Backsteindoms stehen, und schlendern Sie durch die kopfsteingepflasterten Gassen – hier wirkt manche Häuserzeile wie aus der Zeit gefallen.

BADEFREUDEN

Nächste Station ist ④ *Büsum* → S. 72: Sie lassen Hemmingstedt rechts liegen und fahren über Wöhrden in diesen beliebten Badeort mit seinem grünen (Rasen-)Strand und dem Kutterhafen, in dem die berühmten „Büsumer Krabben" angelandet werden. Über Wesselburen und den Damm des ⑤ *Eidersperrwerks* → S. 66 geht es nun auf die Halbinsel Eiderstedt nach ⑥ *St. Peter-Ording* → S. 61 (Foto re.). Hier kann es nur eines geben: Badesachen greifen und nichts wie raus auf den superbreiten, endlos langen Strand! Nach Meeres- und/oder Sonnenbad ist der Besuch in einem der Pfahlbaurestaurants, die bei Flut mit den Füßen im Wasser stehen, ein absolutes Muss.

NATURWUNDER & STADTIDYLLE

Ihr nächstes Ziel ist ⑦ *Tönning* → S. 65, das Sie nach kurzer Fahrt durch Eiderstedt erreichen. In der alten Hafenstadt an der Eidermündung ist schon lange nichts mehr von hektischem Handel zu spüren – beschauliche Gasthäuser warten oberhalb des Kais, gemütlich dümpeln Segelboote & Co im Hafen (Foto li.). Am Ortsrand liegt das ⑧ *Multimar Wattforum* → S. 65, in dem Ihnen die Wunder des Wattenmeers in Aquarien und Ausstellungen nahegebracht werden. Nach ⑨ *Friedrichstadt* → S. 57, der „Holländerstadt", ist es von Tönning nur ein Katzensprung. Quadratischer Marktplatz, gepflegte Bürgerhäuser, kleine Kirchen, bunte Blumen – mieten Sie ein Tret- oder ein Ruderboot, und lassen Sie sich auf den weidengesäumten Grachten durch das idyllische Städtchen treiben ...

INS WATTENMEER

Auf der Weiterfahrt nach Husum sollten Sie sich den **10** *Roten Haubarg* → S. 67 ansehen: Der imposante Bauernhof aus dem 17. Jh. ist heute Museum und Restaurant. **11** *Husum* → S. 45, Storms „graue Stadt am Meer", zeigt sich längst nicht mehr trist, sondern bunt und lebendig! Bester Ausgangspunkt für einen Rundgang durch die historische Altstadt ist der Binnenhafen. Durch das Örtchen **12** *Bredstedt* → S. 33 geht's nun direkt ans und – wenn Sie wollen – aufs Wasser: Ab Schlüttsiel bieten verschiedene Kapitäne Ausflugsfahrten ins Wattenmeer und zu den **13** *Halligen* → S. 95 an. Ab **14** *Dagebüll* → S. 35 können Sie außerdem in 45 Minuten nach **15** *Föhr* → S. 37 übersetzen.

HOCH IM NORDEN

Nach einer entspannten Fahrt durch die Köge kommen Sie nach Seebüll zum **16** *Nolde-Museum* → S. 40. In seinem Anwesen fand der berühmte Maler Ruhe und Inspiration – beim Blick übers weite Land mit dem hohen Himmel oder beim Flanieren im prachtvollen Garten können Sie das eindrucksvoll nachvollziehen. Den krönenden Abschluss bildet der Grenzübertritt ins Königreich Dänemark nach **17** *Tønder* → S. 42, einer Perle unter den Küstenstädtchen: Durch den *hyggeligen* (gemütlichen) historischen Ortskern schlendern, einen *pølser* (dänischen Hotdog) schnabulieren und ein *øl* (Bier) zischen – und der Tag ist rund!

250 km. Reine Fahrzeit 4 Stunden. Detaillierter Routenverlauf auf dem hinteren Umschlag, im Reiseatlas sowie in der Faltkarte

DER NORDEN

„Enneff" nennen die Nordfriesen liebevoll ihren Landstrich im Nordwesten Schleswig-Holsteins. NF, das Kennzeichenkürzel nördlich der Eider, existiert erst seit 1970. Damals mussten sich die Friesen trotz heftiger Proteste damit abfinden, dass die Landkreise Südtondern, Husum und Eiderstedt zum Kreis Nordfriesland zusammengelegt wurden. Die Region „Enneff" wird um 1000 n. Chr. besiedelt. Die ersten Nordfriesen entwässern das Land, bauen Deiche, nutzen den fruchtbaren Boden, bestellen Äcker, züchten Vieh, und sie handeln im Westen mit den Holländern. Als Nordfriesland noch einem Flickenteppich im Wasser glich, wohnten die Friesen auf den hohen und somit trockenen Geestinseln Sylt, Föhr und Amrum, oder sie bauten ihre Häuser

auf Warften in den Außenlanden, dem *Uthlande.*

Ein eigener, störrischer Kopf wird den Nordfriesen nachgesagt. So ist es ihnen auch nie gelungen, sich politisch zusammenzuschließen. Folglich gibt es keine nordfriesische Hauptstadt, kein Zentrum für Politik oder Kultur. Was nicht heißt, die Friesen hielten nicht zusammen, seien sich einer gemeinsamen Geschichte nicht bewusst. Im Gegenteil. Hier weht in manchen Gärten neben der friesischen Trikolore – gelb, rot, blau – auch der Danebrog, das dänische Rot mit dem weißen Kreuz, gehisst von Nordfriesen, die sich der dänischen Minderheit zugehörig fühlen.

Schleswig, das Land nördlich der Eider, gehörte im Lauf seiner Geschichte mal

---

Bild: Windräder bei Niebüll

Ganz oben in Nordfriesland: Am Tor zur Welt der Halligen und mit einem Bein im dänischen Königreich

zu Dänemark, dann wieder zu Preußen. 1920 hatten die Nordfriesen im deutsch-dänischen Grenzraum die Wahl, was die Teilung des Landesteils Schleswig zur Folge hatte. Nordschleswig gehörte künftig zu Dänemark, Südschleswig zum Deutschen Reich.

Geblieben ist der trotzige Ruf „Lewer duad üs Slaav". Er stammt aus der Zeit des Widerstands gegen die dänische Krone Mitte des 19. Jhs. „Lieber tot als ein Sklave" bezeugt den Stolz der Friesen auf ihre Unabhängigkeit und wird noch

heute in Fahnentücher gewebt oder auf Wappen gemalt.

BREDSTEDT

(123 E6) *(∅ E5)* **Seit dem Bau der Umgehungsstraße bleibt diese beschauliche Stadt vom Durchgangsverkehr verschont.**

Das Herz Bredstedts (4900 Ew.) ist ein hübscher dreieckiger Marktplatz mit dem neugotischen Rathaus und seinem

Die Fähre bringt Inselurlauber und ihre fahrbaren Untersätze zurück nach Dagebüll

spitzen Türmchen, einem etwas skurrilen Brunnen aus sieben übereinandergestapelten Metallschweinen sowie der Alten privilegierten Apotheke, vor der kleine Granitsäulen, an denen man einst die Pferde anband, daran erinnern, dass hier schon seit 1797 Pillen gedreht werden.

SEHENSWERTES

NORDFRIISK INSTITUUT
Alle, die Fragen zur friesischen Sprache, Geschichte und Kultur haben, bekommen hier profunde Auskunft. *Mo–Fr 8.30–12.30, Do 13.30–16 Uhr | Süderstr. 30 | Tel. 04671 6012-0 | www. nordfriiskinstituut.de*

ESSEN & TRINKEN

ANDRESENS GASTHOF (117 E5) *(ᗰ E5)*
Die feine Adresse an der B5 in *Bargum* 10 km nördlich. Hier wird in geschmack-

vollem Ambiente geschlemmt – Küchenchef Eike Rakoschek interpretiert die norddeutsche Küche ganz neu und wurde dafür bereits ausgezeichnet. Sie sollten reservieren. Wer bleiben möchte: Es gibt auch fünf Zimmer. *Mo, Di geschl., Mi, Do nur abends | Dörpstr. 63 | West-Bargum | Tel. 04672 1098 | www. andresensgasthof.de | €€€*
6 km südlich, also eine gute Spazierstunde entfernt, steht der ⚜ Aussichtsturm *Naturerlebniszentrum Stollberg* – ein herrlicher Blick über ein weites Land.

FRIESENHALLE
Ob Muscheln, Scholle, Schnüsch (frische Sommergemüse) oder Steinpilze: Die saisonale Küche von Niels Pedersen trägt die Bib-Gourmand-Auszeichnung des Michelin zu Recht. Auch Hotel mit 18 komfortablen Zimmern. *So, Mo mittags geschl. | Hohle Gasse 2 | Tel. 04671 60100 | www.friesenhalle.de | €€–€€€*

ÜBERNACHTEN

FRIDA'S HOTEL

In bester Lage am Marktplatz finden Sie dieses schnuckelige kleine Hotel mit seinen liebevoll ausgestatteten zwölf Zimmern. *Markt 13 | Tel. 04671 7 18 99 59 | www.fridas-nordseehotel.de | € − €€* Ein Kleinod ist das **INSIDER TIPP** *Café Frida* im Erdgeschoss *(Mo geschl. | €)* mit 3000 Delfter und Nordfrieslandkacheln an den Wänden, holzgetäfelter Decke und einem lauschigen Innenhof.

PAULSEN'S LANDHOTEL (125 D2) *(ﬔ E6)*

Keine 10 km südöstlich, mitten auf dem platten Land im Dorf Bohmstedt, wurde 2009 das hübsche, ruhige Hotel eröffnet: helle Zimmer im skandinavischen Stil, gemütliches Restaurant *(Di geschl.)* mit regional geprägter Küche. *29 Zi. | Norderende 8 | Bohmstedt | Tel. 04671 15 60 | www.paulsens-hotel.de | €€*

AUSKUNFT

TOURISTINFO BREDSTEDT

Markt 37 | 25821 Bredstedt | Tel. 04671 58 57 | www.stadt-bredstedt.de

ZIEL IN DER UMGEBUNG

ARLAUSCHLEUSE (125 D2) *(ﬔ D−E6)*

12 km südwestlich von Bredstedt mündet die Arlau in die Nordsee. Sie fahren auf der B 5 Richtung Süden, vor Hattstedt folgen Sie dem Wegweiser „Arlauschleuse"; die Straße schlängelt sich durch den Koog und führt Sie zum Hotel-Restaurant **INSIDER TIPP** *Arlau-Schleuse (41 Zi. | Hattstedtermarsch | Tel. 04846 6 99 00 | www.arlau-schleuse.de | €€).* Von hier aus können Sie rund um den Beltringharder Koog radeln oder mit dem Kanu auf der Arlau paddeln. Zur Stärkung serviert das sehr gute Restaurant *Deichgraf* Spezialitäten wie Meeräsche, Miesmuscheln, Gänsekeule oder Lammrücken *(€€).* Ein alljährlicher Höhepunkt sind die **INSIDER TIPP** Wildwochen *(Ende Okt.− Silvester | €€ − €€€).*

DAGEBÜLL

(122–123 C−D5) *(ﬔ C4)* Dagebüll **(890 Ew.) wird häufig als Parkplatz mit Fähranschluss verspottet. Doch das „Tor zu Inseln und Halligen" ist dabei, sein Image aufzupolieren.**

Die abgestellten Autos der Inselurlauber, die einst auf den Wiesen beiderseits der Hauptstraße das Dorfbild verschandelten, sind verschwunden − hier sollen in den nächsten Jahren Läden und Restaurants entstehen. Wer nach Amrum oder Föhr übersetzt und sein Auto auf dem Festland lässt, stellt es heute auf einem Großparkplatz mit Garage, Bistro und Shop *(bis 24 Std. 6 Euro, Garage 8 Euro | www.inselparkplatz-dagebuell.de)* außer-

MARCO POLO HIGHLIGHTS

⭐ **Charlottenhof**
Kulturveranstaltungen im Wohntrakt und Kunstmärkte im Stall eines historischen Vierkanthofs → S. 39

⭐ **Nolde-Museum**
Hochgenuss für Kunst- und Gartenfreunde: Bilder und Blumen in Adas und Emils ehemaligem Zuhause → S. 40

⭐ **Tønder**
Dänemark wie aus dem Bilderbuch gleich hinter der Grenze: „hyggelige" Häuser, Gassen und Läden → S. 42

halb Dagebülls ab und wird mit einem Shuttlebus zum „Fährport" gebracht, wo im Reedereigebäude direkt an der Mole ein weiteres kleines Bistro hilft, die Wartezeit auf die Fähre zu verkürzen.

Wollen Sie sich in Dagebüll am grünen Strand sonnen, dann folgen Sie im Kreisverkehr am Ortseingang nicht den Schildern zur Mole und zum Parkplatz, sondern fahren in den Ort, *Dagebüll-Hafen*. Hier gibt es – leider nicht immer genug – Parkplätze für Tagesgäste und Strandbesucher.

Dagebüll besteht aus mehreren Ortsteilen, zwischen denen Busse verkehren: Etwa 3 km landeinwärts liegt das beschauliche *Dagebüll-Kirche* mit kleinen Pensionen und der St.-Dionysius-Kirche, noch etwas weiter südlich dann das lang gezogene *Fahretoft*, wo die teilweise sehr hübschen Friesenhäuser gleich hinterm Deich stehen.

ESSEN & TRINKEN

Fischbrötchenbuden stehen an der Hauptstraße und hinterm Badedeich.

FÄHRHAUS SCHLÜTTSIEL
(123 D5) (ⓜ D 5)
Restaurant, Café und Bistro am Fährhafen Schlüttsiel (8 km südlich) mit Blick auf die Halligen. Deftige Küche. *Tgl. | Schlüttsiel 1 | Tel. 04674 9 62 60 | www. faehrhaus-schluettsiel.de | €€*

TO OLEN SLÜÜS
Gutes und stets gut besuchtes Fischrestaurant im Ortsteil Dagebüll-Kirche. Auch 7 Zimmer. *Tgl. | Osterdeich 4 | Tel. 04667 3 73 | € – €€*

STRAND

Grüner Strand mit bewachter Badestelle, Strandkorbverleih.

ÜBERNACHTEN

PENSION PETERSWARFT
Behagliche, ruhige Zimmer in einem baumumstandenen Haus auf einer Warft in Dagebüll-Kirche. *10 Zi., 2 Apt. | Dorfstr. 4 | Tel. 04667 3 23 | www.nord seepension-peterswarft.de | €*

STRANDHOTEL DAGEBÜLL
Mittelklassehotel direkt an der Nordsee, alle Zimmer mit Meerblick. Wellness und Sauna. Vom Restaurant-Wintergarten herrliche Aussicht. *26 Zi. | Dagebüll-Hafen | Tel. 04667 9 49 00 www. strandhotel-dagebuell.de | €€ – €€€*

AUSKUNFT

TOURISTINFO UND ZENTRALE ZIMMERVERMITTLUNG DAGEBÜLL
Am Badedeich 1 | 25899 Dagebüll | Tel. 04667 9 50 00 | www.dagebuell.net | www.dagebuell-online.de

ZIELE IN DER UMGEBUNG

INSIDER TIPP ▶ GASTSTÄTTE BONGSIEL – DAT SWARTE PEERD (124 C 1) (ⓜ D5)
Von außen nichts weiter als ein Landgasthof an einem Kanal, ca. 10 km südöstlich von Dagebüll. Drinnen jedoch wartet Überraschendes: Etwa 120 Bilder schmücken die Wände der Gaststuben, Originale zahlreicher, auch bekannter Künstler des 20. Jhs. wie z. B. Emil Nolde. Viele davon bezahlten das gute Essen einfach mit ihren Werken. Kulinarische Spezialitäten sind Aal in allen Variationen (er wird in den umliegenden Sielzügen gefangen) und in der Saison Wildente. Für den, der sich nicht satt essen oder sehen kann, sind Ferienwohnungen und 15 Zimmer (€ – €€) da. *Tgl. (Mo, Di nur abends) | Am Kanal 2 | Bongsiel | Tel. 04674 14 45 | www.bongsiel.de | € – €€*

FÖHR (122 A–C 4–5) *(ω B–C 4–5)*
Sehnsucht nach Sandstrand? Die Fähre bringt Sie in 45 Minuten nach Föhr; vom Wyker Fährhafen sind es nur wenige Schritte bis zum Strand und zur Promenade von *Wyk*, dem Sandwall, mit Cafés, Restaurants und Souvenirläden. Wer

Die Überfahrt zur Schwesterinsel *Amrum* dauert ab Wyk noch einmal 60 Minuten und lohnt sich für einen Tagesausflug nur, wenn Sie eine frühe Fähre nehmen. Detaillierte Informationen zu beiden Inseln finden Sie im MARCO POLO Band „Föhr/Amrum".

Sträßchen wie dieses machen Nieblum auf Föhr zum friesischen Vorzeigedorf

mehr von der „grünen Insel" sehen möchte, sollte mit dem Bus nach *Nieblum* fahren, einem Friesendorf mit Alleen, reetgedeckten Häuschen und dem *Friesendom,* der St.-Johannis-Kirche aus dem 13. Jh. Auf dem Weg dorthin hält der Bus auch in Alkersum, wo 2009 das **INSIDER TIPP** *Museum Kunst der Westküste (März–Okt. tgl. 10–17, Do bis 20, Nov.– 15. Jan. tgl. 12–17 Uhr | Eintritt 7 Euro | www.mkdw.de)* seine Pforten öffnete – ein Juwel unter den Museen des Nordens, das Sie besuchen sollten. *Tagesrückfahrkarte Dagebüll–Wyk 12,70 Euro*

NIEBÜLL

(123 D4) *(ω D4)* **Jährlich rollen hier mehr als 1 Mio. Autos auf die Waggons der Deutschen Bahn. Für Syltbesucher ist Niebüll (9200 Ew.) lediglich Verladestation.**

Wer jedoch im Kreisverkehr am Ortseingang statt dem Abzweiger „Autoverladung" dem Hinweis „Niebülls Museen" folgt, der wird in diesem nordfriesischen Luftkurort einiges entdecken. Und auch die Umgebung hat einiges zu bieten.

SEHENSWERTES

INSIDER TIPP FRIESISCHES HEIMAT-MUSEUM

In einem 200 Jahre alten Friesenhaus im Ortsteil Deezbüll werden Sie in die „gute alte Zeit" versetzt. Hier erfahren Sie alles über nordfriesische Wohnkultur und Lebensweise. *Juni–Sept. tgl. 14–16 Uhr oder n. V. | Eintritt 2 Euro | Osterweg 76 | Tel. 0175 4 14 61 85 | www.bs-niebuell.de/fm*

NATURKUNDEMUSEUM NIEBÜLL

Alles, was an der Nordseeküste kreucht und fleucht, gibt es hier zu sehen und zu hören: u.a. in drei Aquarien und in verschiedenen Dioramen. Außerdem gibt es einen Schaugarten zum Thema „alte Gemüsesorten". Das Museum ist zugleich Nationalpark-Infozentrum. *April–Okt. Di–So, Juni–Aug. tgl. 14–17.30 Uhr, zusätzl. Führungen n. V. | Eintritt 2,50 Euro | Hauptstr. 108 | Tel. 04661 56 91 | www.nkm-niebuell.de*

RICHARD-HAIZMANN-MUSEUM

Dieses Museum für moderne Kunst zeigt neben einer Werkschau des namensgebenden Malers und Bildhauers Kunst der klassischen Moderne und der Gegenwart in wechselnden Ausstellungen. Der geografische Schwerpunkt liegt auf Norddeutschland und Skandinavien. *Di–Fr 11–16.30, Sa 11–13, So 14–17 Uhr (Feb./Nov. Di–So 15–18 Uhr) | Eintritt frei | Rathausplatz 2 | www.haizmann-museum.de*

LOW BUDG€T

▶ Warum Urlaubslektüre kaufen? In der Stadtbücherei in *Niebüll* kann man für 4 Euro monatlich Bücher und DVDs ausleihen. *Mo, Di, Do, Fr 9–13 u. 15–18 Uhr | Hauptstr. 46 | Tel. 04661 51 75 | www.stadtbuecherei-niebuell.de*

▶ Reichhaltiges Frühstück, Mittagstisch für 5–8 Euro, selbst gemachtes Eis: All das und mehr gibt's in der *Niebüller Backstube* im Gewerbegebiet, einem Bistro im Designerlook – mit Autoschalter. *Mo–Sa 5–19, So 6.30–19 Uhr | Bahnhofsstr. 9a | www.niebueller-backstube.de*

ESSEN & TRINKEN

CASA PICCOLI

Italienische Spezialitäten, serviert in Gasthausatmosphäre. *Mo geschl. | Rathausstr. 16a | Tel. 04661 60 03 33 | €*

GALERIE CAFÉ

Kaffeestunde wie bei Oma auf dem Sofa oder auf der Terrasse. Wo? In einem entzückenden Reetdachhaus auf einer kleinen Warft, 4 km südlich von Niebüll. *Tgl. 14–18 Uhr | Dorfstr. 174 | Risum-Lindholm | Tel. 04661 33 87 | €*

W IM RATHAUS

Der ehemalige Ratskeller wurde modern herausgeputzt, und auch draußen auf dem Rathausplatz kann man jetzt sitzen.

Bei Flut kann man im flachen Wasser herrlich baden: Südwesthörn

Aus Küche und Keller kommt auch Österreichisches wie Tafelspitz und Veltliner. *Im Winter Mo geschl. | Hauptstr. 44 | Tel. 04661 9 37 24 94 | € – €€*

EINKAUFEN

MARKT

Samstags gibt es auf dem *Rathausmarkt* Gemüse aus der Umgebung, Fisch, Geflügel, Wild, Lamm- und Ziegenfleisch und köstliche Waffeln.

INSIDER TIPP ▶ MARTENSEN – DAS SCHLEMMERKONTOR

Feines Delikatessgeschäft mit friesischen Köstlichkeiten, die sich auch gut als Mitbringsel eignen: Lammschinken, Schaf- und Ziegenkäse, Süßes, Hochprozentiges und Eingewecktes (z. B. Sauerfleisch). Mittendrin und vor der Tür Bistrotische, an denen Antipasti und mehr serviert werden. *Hauptstr. 42/Rathausplatz*

FREIZEIT & SPORT

FREIBAD

Naturbad in der sogenannten Wehle, einem durch einen Deichbruch entstandenen See. Mit DLRG-Aufsicht, Duschen und einen Badesteg. *Deichstraße*

SAUNA-CAFÉ (123 D3) (*ⓜ C3*)

Finnische Sauna, Dampfbad, Solarium: Das gibt es 12 km nördlich von Niebüll im Örtchen Hesbüll, dazu ein kleines Café. *Damensauna Mo 14–17, Mi 17–22 Uhr, gemischte Sauna Mo, Di, Fr 17–22 Uhr | Hesbüller Str. 58–60 | Tel. 04664 13 50*

SÜDWESTHÖRN ☘ (122 C4) (*ⓜ C4*)

Eine Badestelle am Deich, 10 km westlich von Niebüll mit Grünstrand und der Chance auf Abkühlung bei Flut. Es gibt ein paar Strandkörbe und eine Fischbrötchenbude. Der *Gasthof Südwesthörn (s. o | Di geschl. | € – €€)* serviert deftige norddeutsche und schwäbische (!) Küche.

AM ABEND

CHARLOTTENHOF ⭐ (122 C3) (*ⓜ C3*)

Kultur- und Tagungshaus, 13 km nordwestlich von Niebüll; Theater, Musik, Lesungen, Kunstmärkte. Der historische Vierkanthof mit seinen denkmalgeschützten Holzständerwerken, der Scheune und dem Pesel ist nur während der Veranstaltungen zu besichtigen. Über diese informieren Plakate und die Internetseite. *Osterklanxbüll 4 | Klanxbüll | Tel. 04668 9 21 00 | www.dercharlottenhof.de*

ECK'S KINO ●

Drei Kinos mit Tischlämpchen und Bedienung. *Hauptstr. 37 | Tel. Programmansage 04661 40 04 u. 40 05*

ÜBERNACHTEN

INSEL-PENSION

Gepflegtes, liebevoll geführtes kleines Hotel. *9 Zi., 5 Apt. Gotteskoogstr. 4 | Tel. 04661 21 45 | www.inselpension.de | €€*

NIEBÜLLER HOF

Das größte Hotel im Ort. Oft nehmen hier Bus- und Gruppenreisende Quartier. *145 Zi. | Hauptstr. 15 | Tel. 04661 60 80 01 | www.niebueller-hof.de | €€*

GASTHOF SÜDWESTHÖRN
(122 C4) (ᵐ C4)

Wenn Sie das Meer lieben, Ruhe und einen weiten Blick, dann sind Sie in dem Reetdachhaus hinterm Deich richtig. Die Zimmer sind hell und einfach, zwei davon mit gemeinsamer Dusche/WC. *5 Zi. | April–Sept. | Südwesthörner Str. 9 | Emmelsbüll-Horsbüll | Tel. 04665 98 36 88 | www.gasthof-suedwesthoern.de | €*

AUSKUNFT

FREMDENVERKEHRSVEREIN NIEBÜLL/ TOURISTINFORMATION SÜDTONDERN

Rathausplatz 25899 Niebüll | Tel. 04661 94 10 15 | www.niebuell.de, www.nordfrieslandtourismus.de

ZIELE IN DER UMGEBUNG

KZ-GEDENKSTÄTTE LADELUND
(123 F3) (ᵐ E3)

In der Nähe der dänischen Grenze, 15 km nordöstlich von Niebüll, befindet sich die ehemalige Außenstelle des Konzentrationslagers Neuengamme bei Hamburg. Im Winter 1944 starben hier 300 der etwa 2000 Häftlinge. Dokumentiert werden die Ereignisse in der Ausstellung „Konzentrationslager Ladelund 1944". Führungen nach Anmeldung. *Raiffeisenstr. 3 (hinter der Kirche) | Ladelund | Tel. 04666 4 49 | www.kz-gedenkstaette-ladelund.de*

MØGELTØNDER
(123 D2) (ᵐ D3)

Etwa 26 km von Niebüll liegt jenseits der dänischen Grenze ein verträumtes Dorf mit der wohl schönsten Dorfstraße Dänemarks – reetgedeckte Backsteinhäuschen säumen die katzenkopfgepflasterte Straße. Møgeltønder ist auch das Mekka der Dänen: Hier, im *Schloss Schackenborg*, wohnen Seine Königliche Hoheit Prinz Joachim samt seiner zweiten Frau Marie Cavallier und dem gemeinsamen Sohn Prinz Henrik, der 2009 geboren wurde. Gegenüber vom Schloss liegt ein hübscher kleiner Park zum Flanieren, und wer in direkter Nachbarschaft der königlichen Familie schlemmen und schlafen möchte, der logiert angemessen im *Schackenborgs Slotskro | 25 Zi. | Slotsgaden 42 | Tel. +45 74 73 83 83 | www.slotskro.com | €€€*

NOLDE-MUSEUM ★ ●
(123 D3) (ᵐ D3)

Wie eine Trutzburg steht das Haus und ehemalige Atelier des Expressionisten Emil Nolde auf einer Warft, 17 km nördlich von Niebüll. Ausgestellt sind hier insgesamt ca. 170 Werke: Ölbilder, Aquarelle, Zeichnungen und Grafiken. Hinter dem Haus Ada und Emil Noldes Garten: zur Blütezeit ein Farbenmeer! *März–Nov. tgl. 10–18 Uhr | Eintritt 8 Euro | Neukirchen/Seebüll | www.nolde-stiftung.de* Wer von Noldes Landschaft, Bildern und Farben nicht nur träumen möchte, kann sich im *Gästehaus Seebüll* einquartieren. Im reetgedeckten, auf einer Warft liegenden Dreikanthof der Noldestiftung Seebüll Hof und Seehof gibt es zwei Apartments und fünf Zimmer. Die Zimmer mit allem Komfort sind hell, komfortabel und skandinavisch schlicht eingerichtet; an den weiß getünchten Wänden hängen farbige Noldedrucke. *Dez.–Feb. geschl. | Neukirchen/Seebüll | Tel. 04664 98 39 70 | gaestehaus@nol de-stiftung.de | €€€*

Im neuen Museumsgebäude findet sich neben einem Shop, einem Veranstaltungssaal (regelmäßig Konzertabende) und einem Atelier für Malkurse das `INSIDER TIPP` *Restaurant Seebüll*. Man sitzt hinter bodentiefen Fenstern mitten in Noldes Landschaft und genießt die sehr gute moderne Küche oder einfach nur einen Kaffee. *März–Dez. tgl. 9– 23 Uhr (Dez. eingeschränkt) | Tel. 04664 98 39 70 | €€ – €€€*

SYLT (122 A–B 1–4) (m A–B 1–4)

In Niebüll oder Klanxbüll müssen Sie in den Zug steigen, wenn Sie auf „die Insel" wollen. Fahren Sie mit dem Auto nach Niebüll und wollen hier in den Zug umsteigen, folgen Sie nicht dem Schild „Sylt", sondern fahren Richtung „Gewerbegebiet Süd" zum Bahnhof; hier gibt es für Syltreisende gebührenpflichtige Parkplätze. In Niebüll halten alle Züge Richtung Westerland. Preiswerter als der IC von Niebüll sind die Züge der Nord-Ostsee-Bahn (NOB). Sie halten auch in *Klanxbüll,* der letzten Station auf dem Festland. Hier gibt es in Bahnhofsnähe genügend gebührenpflichtige Parkplätze. In den Sommermonaten und an Wochenenden sind die Züge oft überfüllt. Auf der Insel angekommen, führt der schnellste Weg zum Strand durch *Westerlands* Vergnügungs- und Shoppingmeile, die Friedrichstraße. Wollen Sie dem Trubel entfliehen, dann steigen Sie am Bahnhof in einen der Busse Richtung List

(Norden), *Hörnum* (Süden) oder *Keitum* (Osten). Abseits der Badeorte gibt es tatsächlich auch in der Hochsaison weniger besuchte Strände; auf einen Strandkorb müssen Sie dann allerdings verzichten und an jedem Übergang den ortsüblichen Obolus für die Strandnutzung ent-

Noldes Heim: Bauhaus statt Reet und Friesengiebel

richten. (Detaillierte Informationen im MARCO POLO Band „Sylt".) *Fahrzeiten: Niebüll–Westerland mit dem IC 27 Min., mit der Nord-Ostsee-Bahn (NOB) 36 Min. Tagesrückfahrkarte 13,80 Euro; Klanxbüll– Westerland mit der NOB 25 Min., hin und zurück 10,20 Euro*

TETENS GASTHOF (123 E3) (m D3)

Fahren Sie auf der B 5 Richtung Dänemark, kommen Sie 12 km nördlich von

Sinnbild für Recht und Ordnung: der „Kaakmann" auf dem Marktplatz in Tønder

Niebüll durch Süderlügum (2200 Ew.). Im 18. Jh. wurden hier auf dem alten Ochsenweg Tausende von Rindern, Pferden, Schweinen und Schafen durch den Ort getrieben. Schon zu dieser Zeit war *Tetens Gasthof* der Krug der Viehhändler. 1816 abgebrannt, wurde das Wirtshaus noch im selben Jahr wieder aufgebaut. Im original erhaltenen Ostflügel wird Ihnen unter Balkendecken, zwischen Biedermeiersofas und antiken Schränken Feines aus der regionalen Küche serviert. Schlafen können Sie in liebevoll eingerichteten Landhauszimmern (€ – €€). *12 Zi. | Hauptstr. 24 | Süderlügum | Tel. 04663 18580 | www.landhotel-tetens.de | €€*

TØNDER ⭐ (123 D–E2) (🌐 D2–3)

Bis 1920 war Tondern (7700 Ew., 20 km nördlich von Niebüll) eine deutsche Kleinstadt und stand in den Jahrhunderten zuvor mal unter dänischer, mal unter deutscher Herrschaft, dann beendete die Volksabstimmung den Streit um das Herzogtum Schleswig. Tondern wurde wieder mit dem dänischen Königreich vereint.

Wer mit dem Auto fährt, passiert die verwaisten Zollhäuschen an der dänischen Grenze. Lange waren die Gleise zwischen Niebüll und Tønder verrostet, doch nun fährt er wieder: Der Zug zwischen Niebüll und Tønder verkehrt im Zweistundentakt. Angekommen, werden Sie denken: Ja, das ist Dänemark – auf dem Markt die Pølserbude, in den engen Gassen liebevoll gepflegte, bunte Häuser deren Fenster keine Gardinen zieren; beschaulich-gemütlich – auf Dänisch „hyggelig" – geht es in der Kleinstadt zu. Folgen Sie den Parkplatzhinweisen und Fußgängerströmen, erreichen Sie den Marktplatz und die Fußgängerzonen Storegade und Vestergade. Hier können Sie shoppen und dänische Köstlichkeiten probieren. Die roten Pølser gibt es in der Bude auf dem Torvet, dem Marktplatz, dänisches Øl (Bier) vom Fass, kleine Speisen und das gemütliche dänische Lebensgefühl in den Cafés und Restaurants drum herum. Ein paar Meter weiter liegt das Geschäft von Johannes Petersen: Ursprünglich ausschließlich ein Tabak- und Pfeifenladen, gibt es hier nun auch Kaffee, Tee, Süßigkeiten, und ⏲ dänische Delikatessen. Im zugehörigen Bistro können Sie sich u. a. an Fisch- und Aufschnittplatten gütlich tun *(Storegade 12 | www.johanneskaffeebar.dk | €€)*.

Ein besonderes Haus ist die ● *Alte Apotheke.* Hier gibt es zwar keine Pasten und Pillen mehr, doch dafür alles, was man nicht braucht, aber aus dem Urlaub gern mitbringt: Kerzen, Seife, Karten, Kunsthandwerk. Und im Keller warten Weihnachtswichtel auf die heilige Nacht. Zwölf Monate im Jahr heißt es hier „O du fröhliche!" Warum nicht den Weihnachtsbaumschmuck im Sommer kaufen? *Det Gamle Apotek | Mitte Feb.–Dez. tgl. 10–17.30 Uhr | Østergade 1 | www.det-gamle-apotek.dk*

Die Patrizierhäuser in den Fußgängerzonen mit den kunstvollen Portalen zeugen vom Wohlstand der Spitzenhändler im 18. Jh. Sie schufen die schleswigsche Klöppelindustrie. Noch heute lebt die Tradition dieses alten Handwerks. So findet alle drei Jahre (2013, 2016 …) am ersten Juniwochenende ein internationales Klöppelfestival statt *(www.kniplingsfestival.dk)*.

Alte Spitzen und Arbeiten der Silberschmiede aus der Zeit von 1750 bis 1825 sind im *Tønder Museum* ausgestellt. Zu den Museumsgebäuden gehören auch das *Sønderjyllands Kunstmuseum* und

der alte *Wasserturm* von 1902. Im Kunstmuseum werden die verschiedenen Strömungen der nordeuropäischen Kunst des 20. Jhs. gezeigt, und man hat begonnen, diese Sammlung auf das 21. Jh. auszuweiten. ⚜ Von der obersten, rundum verglasten Etage des Turms hat man eine herrliche Aussicht auf die Stadt und über die Marsch. *Museen in Tønder: Juni–Aug. tgl. 10–17, Sept.–Mai Di–So 10–17 Uhr | Eintritt 40 Kronen | Kongevej 51 | www.sonkunst.dk, www.mussdj.dk*

Wollen Sie für eine Weile der trubeligen Shopping- und Schlemmermeile entfliehen, finden Sie Ruhe rund um die und in der *Christuskirche* zwischen Nørregade und Storegade *(Mo–Sa 10–16 Uhr)*. Sie wurde 1592 erbaut; den größten Teil des Inventars schenkten die reichen Vieh- und Klöppelspitzenhändler der Kirche im 17. und 18. Jh. Besonders sehenswert sind die 14 sorgfältig restaurierten Epitaphien (aufrecht stehende, verzierte Grabplatten).

Ebenfalls eine Oase, allerdings eine eher den leiblichen Genüssen zugewandte, ist das INSIDER TIPP *Café Engel* in einer ruhigen Nebengasse der Vestergade: viele Kaffeesorten, toller Kuchen, Sandwiches und Smørrebrød *(Mo geschl. | Frigunden 1 | €)*. *Tønder Turistbureau | Torvet 1 | Tel. +45 74 72 12 20 | www.romo.dk*

INSIDER TIPP WALDSTÜBCHEN HOF BERG *(123 F4) (𝜙 E4)*

Tatsächlich mitten im Wald, ca. 15 km östlich von Niebüll, liegt das gemütliche Café-Restaurant. Dort verwöhnt man Sie mit Kuchen wie bei Oma oder Leckerem aus der umfangreichen Speise- und Weinkarte. *Von der B 199 zwischen Stadum und Leck Einfahrt in den Wald | Mo geschl. | Tel. 04662 7 04 51 | €€*
Gleich nebenan können Sie auf der Anlage des Golfclubs Hof Berg *(siehe S. 104)* den Schläger schwingen.

HUSUM UND HUSUMER BUCHT

Windräder und Getreidesilos bilden Husums Skyline. Aus der Ferne ist die zweitgrößte Stadt an der Westküste keine lockende Schönheit. Wer trotzdem die B 5 verlässt, wird verzaubert werden von der historischen Altstadt mit kopfsteingepflasterten Gassen, dem Markt und den liebevoll restaurierten Giebelhäusern aus dem 16. Jh.

Dass die Stadt zur Küstenmetropole wurde, haben die Husumer letztendlich einer Katastrophe zu verdanken. Bis ins frühe Mittelalter war Husenbro, „Brücke bei den Häusern", ein bedeutungsloses Dorf irgendwo im Binnenland. Gewissermaßen über Nacht begann Husums Aufstieg zur Stadt am Meer. Es geschah im Januar 1362: Wind und Wellen wüten, eine Jahrhundertsturmflut, die „große

Mandränke", verschlingt weite Teile der Küste und beschert dabei Husum einen für Schiffe befahrbaren Zugang zur Nordsee. Das Dorf wird zum Umschlagplatz für Seefahrer und Küstenfischer.

„Am grauen Strand, am grauen Meer und seitab liegt die Stadt ...." Wer durch Husum schlendert, folgt zwangsläufig den Spuren des berühmtesten Sohns der Stadt, Theodor Storm. Der Dichter ist unübersehbar: sein Geburtshaus, sein Wohnhaus, sein Grab. Schließlich war er es, der Husum zwar als „graue Stadt am Meer" beschrieb, sie so aber weltbekannt machte. Die grauen Husumer Hauswände sind heute bunt oder aus Backstein, doch ein Grau ist geblieben: Immer wenn über der Stadt die Wolken tief hängen und draußen die Nordsee

Bild: Husumer Binnenhafen

Über Nacht wurde Husum zur Stadt am Meer: Manchmal ist sie grau, viel öfter aber bunt und stets geschäftig

tobt, kann man die graue Stimmung erleben, die Storm in seinen Novellen und Gedichten so eindrucksvoll beschrieb.

HUSUM

KARTE IM HINTEREN UMSCHLAG (125 D–E3) (*ⅢⅢ E6–7*) **Der Binnenhafen mit den Krabbenkuttern, Restaurants, Cafés und Fischbrötchenbuden ist ein beliebtestes Ziel der Husumbesucher. Die Folge: Im Sommer und an**

Wochenenden geht hier kaum noch was. Oberhalb des Trubels liegt die heimelige, viel ruhigere Innenstadt Husums (22 200 Ew.), die zum großen Teil Fußgängerzone ist.

Ihr erster Weg sollte Sie in die Touristinformation im Alten Rathaus am Markt führen *(Großstr. 27 |* (U B2) *(ⅢⅢ b2))*, denn dort bekommen Sie den Gratis-Faltplan „Kulturpfad der Stadt Husum", der Sie mit ebendiesem Gebäude als erster Station zu 32 Sehenswürdigkeiten in der Innenstadt führt.

HUSUM

SEHENSWERTES

FREILICHTMUSEUM OSTENFELDER BAUERNHAUS (U A2) (*a2*)

Das niederdeutsche Fachhallenhaus aus der Zeit um 1600 wurde bereits 1899 gegründet und ist somit Deutschlands ältestes Freilichtmuseum. Neu: Diele, Stube („Döns"), Pesel, Herdstelle und Stall sind komplett eingerichtet und dokumentieren Alltag und Arbeit der Bauern. *April–Okt. Di–Do 13.30–17 Uhr | Eintritt 2,50 Euro | Nordhusumer Str. 13 | www.museumsverbund-nordfriesland.de*

Keramiken schmücken die Fassade des Ludwig-Nissen-Hauses

HAFEN (U A–B3) (*a–b3*)

Husum hat zwei Häfen: zum einen den Binnenhafen mit den alten Kaufmannshäusern, der Schiffswerft und der historischen Slipanlage. Im 16. Jh. schlugen hier vorwiegend Holländer ihre Waren um, heute liegt hier der Tonnenleger „Hildegard" (Bj. 1907) aufgedockt. Jenseits der Eisenbahnzugbrücke beginnt der Außenhafen. Hier werden die „Husumer Krabben" und Nordseefische angelandet. Angesichts der Flaute im Schiffbau setzt die Husumer Schiffswerft auf die Entwicklung und Fertigung von Windkraftanlagen.

MARIENKIRCHE (U B2) ((*b2*)

Die klassizistische Kirche wurde zwischen 1829 und 1832 von dem dänischen Staatsbaumeister Christian Friedrich Hansen (1756–1845) gebaut. Husums erster Kirchenbau, die gotische Marienkirche, 1431 errichtet, soll die schönere gewesen sein, musste aber wegen Baufälligkeit 1807 abgerissen werden. Ein Teil der Kunstschätze ist in der neuen St.-Marien-Kirche erhalten. Sehenswert sind die Taufe aus Messingguss (1643) und die restaurierte Kanzelwand. *So–Fr 10–18 Uhr | Markt*

MARKT (U B2) (*b2*)

Hier und in der Großstraße zeugen die Fassaden aus dem 16. und 17. Jh. von der einstigen wirtschaftlichen Blüte Husums. An der Nordseite steht das alte Rathaus, erbaut 1601; das Nachbarhaus (Nr. 1–3) ist eines der ältesten Häuser Husums. Urkundlich erstmals 1520 erwähnt, wurden hier Münzen geprägt. Das Haus Nr. 10, das heute die Schwan-Apotheke beherbergt, wurde 1656 errichtet. Sehr hübsch ist auch das Treppengiebelhaus Nr. 18 mit der backsteinroten Fassade. Gegenüber der Marienkirche, am Markt Nr. 9, erblickte Theodor Storm 1817 das

Licht der Welt. Oft verändert, sind nur die vier Fenster im oberen Stockwerk und das Dach vom Geburtshaus des Dichters original erhalten geblieben.

NORDSEE-MUSEUM HUSUM ⭐ 🔵
(U B3) (📖 b3)

Im größten Museum an der Nordseeküste, untergebracht im *Ludwig-Nissen-Haus*, erfährt man – auch interaktiv – alles über Deichbau und Sturmfluten, über den Kampf gegen den „Blanken Hans", aber auch über Natur, Wohnkultur und Alltagsleben an der Küste. Zu verdanken haben die Husumer diese Sammlung Ludwig Nissen. Geboren 1855, wanderte er nach Amerika aus, wo er vom Tellerwäscher zum wohlhabenden Diamantenhändler wurde. Er starb 1924 und vermachte sein Vermögen seiner Geburtsstadt Husum. Im Souterrain finden Sie das schicke *Café Brütt* (angenehme Sonnenterrasse im Innenhof). *April–Okt tgl. 10–17, Nov.–März Di–So 11–17 Uhr | Eintritt 5 Euro | Herzog-Adolf-Str. 25 | www.museumsverbund-nordfriesland.de*

POPPENSPÄLER-MUSEUM
(U B2) (📖 b2)

Pole Poppenspäler, Hauptdarsteller in der gleichnamigen Novelle, ist eine der bekanntesten Figuren Theodor Storms. In dem Museum guckt man in die Augen von 500 Puppen: Zauberern, Wichteln, Marionetten. Kinder dürfen hier spielen und basteln. Jedes Jahr im September veranstaltet das Museum das zehntägige **INSIDER TIPP** „Internationale Figurentheater-Festival". *Mo–Fr 14–17 Uhr | Eintritt 2 Euro | Erichsenweg 23 | www.pole-poppenspaeler.de*

SCHIFFFAHRTS-MUSEUM NORD-FRIESLAND ⭐ (U C2) (📖 c2)

Nordfriesische Schifffahrts- und Fischereigeschichte. Zu sehen gibt es Schiffsmo-

delle der nordfriesischen Seefahrer. Attraktion ist das „Uelvesbüller Wrack", der archäologische Fund eines sogenannten Frieslandschiffs, eines Frachtenseglers aus dem 16. Jh., konserviert mit Zuckerwasser! *Tgl. 10–17 Uhr | Eintritt 3 Euro | Am Zingel 15 | www.schiffahrtsmuseum-nf.de*

SCHLOSS VOR HUSUM (U B2) (📖 b2))

Das im Stil der niederländischen Renaissance erbaute Schloss ist der einzig erhaltene Palast der Westküste Schleswig-Holsteins. Der Gottorfer Herzog Adolf baute es sich 1577–82 als Nebenresidenz; nach seinem Tod wurde das Schloss zum Witwensitz seiner Gattin. 1752 zu einem Barockschloss renoviert, blieb vom Original nur wenig übrig. Lediglich die sechs reich verzierten Kamine aus dem 17. Jh. haben alle Umbauten überlebt. Die repräsentativen barocken Räumlichkeiten können Sie besichtigen. Regelmäßig finden Sonderausstellungen statt, und im Rittersaal werden Konzerte veranstaltet. *März–Okt. Di–So-M11–*

HUSUM

17 Uhr (Nov.–Feb. nur Sa/So) | Eintritt 5 Euro | www.museumsverbund-nordfriesland.de

11–17, So, Mo 14–17, Nov.–März Di, Do, Sa 14–17 Uhr | Eintritt 3 Euro | Wasserreihe 31 | www.storm-gesellschaft.de

SCHLOSSPARK (U B1–2) (🗺 b1–2)

Im Schlosspark locken im März Millionen Krokusse Tausende Touristen an. Dann

TINE-BRUNNEN (U B2) (🗺 b2)

„Tine", die Fischersfrau in Holzschuhen, die vom Markt Richtung Nordsee guckt,

Die Krokusblüte im Husumer Schlosspark: Hunderte Blüten pro Quadratmeter

ist die gesamte Schlosswiese von einem satten Violett überzogen. Wer hier einst die Blumenzwiebeln steckte, ist bis heute nicht bekannt.

THEODOR-STORM-MUSEUM ★ ●
(U B3) (🗺 b3)

Hier wohnte Storm von 1866 bis 1880. Das Husumer Kaufmannshaus ist eingerichtet mit Möbeln und Bildern aus dem Nachlass des Dichters. Im original erhaltenen „Poetenstübchen" hat Storm 20 Novellen (u. a. „Pole Poppenspäler") zu Papier gebracht. Auch der kleine Garten ist zugänglich. *April–Okt. Di–Fr 10–17, Sa*

stellt Catharina Asmussen dar; gemeinsam mit ihrem Bruder August Friedrich Woldsen vermachte sie der Stadt im Jahr 1859 ihr Vermögen. Der *Asmussen-Woldsen-Brunnen*, so sein offizieller Name, erinnert an das Geschwisterpaar. Er ist ein Werk des Husumer Bildhauers Adolf Brütt (1855–1939) aus dem Jahr 1902.

TORHAUS (U B2) (🗺 b2)

Das Torhaus jenseits des Wassergrabens lässt ahnen, wie prächtig das Schloss einst gewesen sein muss. 1612 erbaut, hat das Renaissanceportal sämtliche bauwütigen Schlossherren überstanden.

INSIDER TIPP **WEIHNACHTSHAUS** ●
(U B2)(🗺 b2)

Hier weihnachtet es das ganze Jahr. Gezeigt wird eine Sammlung zum Thema Weihnachten vom Biedermeier bis heute. Im Laden gibt es Weihnachtsbücher und Antiquitäten. *April–Mitte Jan. tgl. 11–17, Mitte Feb.–März tgl. 14–17 Uhr | Eintritt 2,50 Euro | Westerende 46 | www. weihnachtshaus.info*

ESSEN & TRINKEN

EUCKEN (U C2)(🗺 c2)

Die feinste Adresse in Husum. Gourmetrestaurant mit Spitzenküche. Aus der exquisiten Menükarte können Sie drei Gänge wählen, aber auch sieben, wenn Sie genug Stehvermögen haben. *Mo, Di geschl. | im Gewölbe des Hotels „Altes Gymnasium" | Süderstr. 6 | Tel. 04841 83 30 | www.altes-gymnasium.de | €€€*

DRAGSETH'S GASTHOF (U B3)(🗺 b3)

In Husums ältestem Gasthaus (1584) ist die Küche gutbürgerlich, passend zum historischen Ambiente. Der blätterüberdachte Innenhof wurde zum Biergarten.. *Tgl. | Zingel 11 | Tel. 04841 77 99 95 | www. dragseths-gasthof.de | €€*

FRIESENKROG (U B3)(🗺 b3)

Traditionsrestaurant mit Fisch-, Krabben- und Lammgerichten in gemütlicher Atmosphäre. *Tgl. | Kleikuhle 6 | Tel. 04841 8 11 59 | €€*

INSIDER TIPP **JACQUELINE'S CAFÉ**
(U B2)(🗺 b2)

Frühstück, kleine Gerichte und köstlicher Kuchen. *Tgl. | Schlossgang 12 | Tel. 04841 55 53 | €*

STEAK & MEER (U B3)(🗺 b3)

Der klobige Glaskasten mit der Kuh auf dem Dach und dem komischen rosa Fisch mag manchen abschrecken – doch die Meeresfrüchte sind fangfrisch und genau wie die Steaks gut und saftig. *Tgl. | Hafenstr. 1 | Tel. 04841 8 39 77 14 | €€*

TINE CAFÉ (U B3)(🗺 b3)

Unten Bäckerei mit Stehcafé, im ersten Stock Kaffee, Tee und Kuchen mit Blick

THEODOR STORM

Bereits als Schüler schreibt Theodor (geb. 14. September 1817 in Husum) sein erstes Gedicht. Als 25-Jähriger, nach dem juristischen Examen und der dänischen Sprache mächtig, wird er Anwalt in seiner Heimatstadt. Als 1848 dänische Truppen Schleswig-Holstein besetzen, protestiert Storm mit Gedichten und der Novelle „Immensee" gegen die Politik des dänischen Königs. Die Folge: Storm verliert seine Anwaltslizenz und flieht 1852 mit seiner Familie ins Exil nach Preußen, wo er als Richter arbeitet. Erst nach zwölf Jahren kehrt er zurück und übernimmt in Husum das Amt des Landvogts. 1885 stirbt seine Frau Constanze und hinterlässt ihm sechs Kinder; ein Jahr später heiratet Storm wieder – eine Jugendliebe. Die folgenden Jahre werden seine produktivsten: Er schreibt 20 Novellen, unter anderem „Pole Poppenspäler". 62 Jahre alt, zieht Storm in seine „Altersvilla" nach Hademarschen. Kurz vor seinem Tod (4. Juli 1888) verfasst er hier die berühmte Novelle „Der Schimmelreiter".

auf den Binnenhafen. *Tgl. | Schiffbrücke | Tel. 04841 6 59 30 | €*

EINKAUFEN

Wollen Sie in Husum einen Shoppingbummel machen, haben Sie's leicht: Der Markt, die Großstraße und die Hafenstraße sind Fußgängerzonen oder zumindest verkehrsberuhigt – ein Geschäft reiht sich hier ans nächste.

INSIDER TIPP ▶ HUSUMS STADT-SCHLACHTER (U B2) (*b2*)

Nordfriesische Köstlichkeiten wie Sauerfleisch in dekorativen Gläsern, Geräuchertes vom Lamm und Mettwürste gibt's bei Claußen, dem Stadtschlachter, und alles wird Ihnen auch als Souvenir nett verpackt. *Markt 20 | www.stadtschlachter.de*

MARKT (U B2) (*b2*)

Fisch, Fleisch, Obst, Gemüse, dies und das gibt es jeden Donnerstagmorgen bis zum Mittag auf dem Marktplatz. *Markt*

FREIZEIT & SPORT

BADESTELLEN (125 D3) (*E7*)

In die Nordsee steigen können Sie am *Dockkoog* (Badesteg, Strandkörbe, Strandcafé und mehr) ganz nah am Zentrum und an der familienfreundlichen Badestelle *Lundenbergsand* in Simonsberg. Den Gezeitenkalender gibt's bei der Touristinformation – damit Sie auch wirklich nasse Füße kriegen.

RADWANDERN (U F1) (*f1*)

Der *Radsportverein Husum e.V. (Kontakt: Werner Woydack, Tel. 04841 7 47 47)* veranstaltet im Sommer jeden Dienstag 2–2,5 Stunden dauernde Radtouren für Genussradler. Treffpunkt sind die *Keglerstuben (14 Uhr | Schleswiger Chaussee 23).*

STADTFÜHRUNGEN (U B2) (*b2*)

Es werden Führungen in Deutsch, Plattdeutsch und Englisch angeboten: Stadtführungen, Stormführungen, Kirchenführungen, naturkundliche Führungen durch das Umland. *März–Okt. regelmäßige Stadtführungen Mo–Sa 14.30 Uhr, während der Wintersaison auf Anfrage, Dauer: 1,5–2 Std. | 4 Euro. Treffpunkt und Informationen: Touristinformation/Altes Rathaus | Großstr. 27 | Tel. 04841 8 98 70*

WATTWANDERN ↻

Wattwanderungen zu den Halligen Nordstrandischmoor (124 C2) (*D6*) und Südfall (124 B3) (*C7*) sowie Watterkundungen auf dem Lundenbergsand veranstalten z. B. das *Nationalparkhaus (Hafenstr. 3 | Tel. 04841 66 85 30 | www.nationalparkhaus-husum.de)* oder die *Natur- und Landschaftsführerinnen Husumer Bucht (www.husum-naturerleben.de)*, die auch diverse Führungen auf dem Festland anbieten.

AM ABEND

HUSUMS BRAUHAUS (U B2) (*b2*)

Bierkneipe mit hausgebrautem Bier, das man bei Sonne im Garten trinken kann. Deftige Speisen wie Spare-Ribs und Flammkuchen gibt's dazu *Mai–Okt. tgl. ab 15 Uhr, Nov.–April Mo–Sa ab 17 Uhr | Neustadt 60–68 | www.husums-brauhaus.de*

NACHTSCHICHT (125 E3) (*E6*)

Disco, Lounge, Cocktailbar mit „Outdoor-Oase". Regelmäßig Party und Special Events. *Do–Sa u. vor Feiertagen ab 22 Uhr | Robert-Koch-Str. 38 | www.nachtschicht-husum.de*

INSIDER TIPP ▶ SPEICHER (U B3) (*b3*)

Das Kulturzentrum der Stadt: Theater, Ausstellungen, Flohmärkte. Aktuelles

Programm telefonisch. *Hafenstr. 17 | Tel. 04841 6 50 00 | www.speicher-husum.de*

ÜBERNACHTEN

ALTES GYMNASIUM (U C2) *(🗺 c2)*
1867 als Schule gebaut, heute ein schönes Luxushotel im Zentrum. In der einstigen Turnhalle befindet sich der Bade-

MAASHOF 125 D3)*(🗺 E6)*
Ein Bauernhof mit Pferdezucht und Reitmöglichkeiten recht nah bei der Stadt, der auch hübsche Ferienwohnungen für 2–6 Personen mit Blick auf Deich und Meer vermietet. Ein großer Garten ist natürlich auch dabei. *2 Zi., 4 Fwg. | Niegras 23 | Tel. 04841 43 84 | www. maashof-rathmann.de | €*

Tafeln unterm Glasdach: das Restaurant Wintergarten im Hotel Altes Gymnasium

und Fitnessbereich. Zwei Restaurants: Eucken *(S. 49)* und Wintergarten *(€€)*. *53 Zi. u. Suiten | Süderstr. 6 | Tel. 04841 83 30 | www.altes-gymnasium.de | €€€*

HOTEL LUNDENBERGSAND (125 D3)*(🗺 E7)*
Etwa 7 km südöstlich von Husum, in schöner Alleinlage hinterm Seedeich. Reetgedecktes Haus mit guter, reichhaltiger Küche, Wellnessbereich und Panoramapool mit Kamin ganz in der Nähe vom berühmten Roten Haubarg. *23 Zi. | Simonsberg | Tel. 04841 8 39 30 | www. hotel-lundenbergsand.de | €€€*

INSIDER TIPP ▶ THOMAS HOTEL
(U B3)*(🗺 b3)*
Junges Haus mit allem Komfort mitten in der Stadt. Die meisten Zimmer verfügen über einen Balkon, schicke Bar im modernen Bistrostil. *41 Zi. | Zingel 7 | Tel. 04841 6 62 00 | www.thomas-hotel.de | €€ – €€€*

AUSKUNFT

TOURISTINFORMATION IM ALTEN RATHAUS (U B2)*(🗺 b2)*
Großstr. 27 | 25831 Husum | Tel. 04841 8 98 70 | www.husum-tourismus.de

HATTSTEDTER MARSCH

(125 D2) (*E6*)

Hier, 6 km nördlich von Husum, ist das „Schimmelreiterland". Theodor Storm, so nimmt man an, soll diese Landschaft für seine berühmte Novelle vor Augen gehabt haben. Wer in der Hattstedter Marsch Hauke Haiens Spuren und Storms Motive sucht, sollte sich den *Schimmelreiterkrug* ansehen, ein Hof aus dem Jahr 1870 und ehemalige Gaststätte gleich hinterm Deich. Wenn Sie in Wobbenbüll die Deichstraße nehmen, kommen Sie direkt dorthin. 1934 wurde hier die Geschichte um Hauke Haien verfilmt.

Nicht zu übersehen ist die lang gestreckte *Hattstedter Kirche* vom Beginn des 13. Jhs. Der Turm, errichtet Ende des 15. Jhs., war früher Seezeichen; im Inneren sind der geschnitzte Altar (15. Jh.) und die Kanzel (17. Jh.) sehenswert.

NORD-STRAND

(124–125 C–D 2–3) (*D–E 6–7*) **Auf der Landkarte sieht sie aus wie eine Halbinsel, ist doch links und rechts des 4 km langen Autodamms, der 1935 gebaut wurde, viel Koogland entstanden. Trotzdem: Nordstrand (2300 Ew.) ist eine Insel.**

Und zwar ein Rest der einstigen Insel Strand, die von den schweren Sturmfluten 1362 und 1634 zerrissen wurde. Heute ist die Insel rundum von einem Seedeich umgeben und hat somit, bis auf künstlich aufgeschütteten Sand, grünen Strand. Auf Nordstrand, seit 1991 Seeheilbad, die Ferien zu verbringen heißt Spazierengehen, Fahrradfahren, Wattwandern. Touristentrubel kennt Nordstrand nicht, auch wenn vom kleinen Hafen *Strucklahnungshörn* die Fähre nach

Gras statt Sand: Auf Nordstrand stehen die Strandkörbe auf grünem Rasen

Pellworm ablegt und Ausflugsdampfer unter anderem zur Hallig Hooge und zu den Seehundbänken fahren. Detaillierte Informationen im MARCO POLO Band „Föhr/Amrum".

ESSEN & TRINKEN

MÜHLENCAFÉ „GLÜCK ZU"

In der hübsch restaurierten Engel-Mühle, erbaut 1888, gibt es süße und mittags auch herzhafte friesische Köstlichkeiten. In der Mühle kann man sich übrigens auch trauen lassen. *Mo geschl. (Juli–Mitte Sept. tgl.) | Süderhafen 15 | Tel. 04842 2 14 | www.engel-muehle.de | €€*

PHARISÄERHOF ●

Friesisch-gemütliches Café. 1872 wurde hier, so wird behauptet, der erste Pharisäer getrunken. Schöne Terrasse. *Mo geschl., Nov.–Feb. nur Sa/So 14–18 Uhr | Elisabeth-Sophien-Koog | Tel. 04842 3 53 | www.pharisaerhof.de | €*
Im *Bauernmarkt* nebenan können Sie kulinarische und kunstgewerbliche Spezialitäten erwerben, dazu Antiquitäten.

EINKAUFEN

INSIDER TIPP GALERIE „LAT DI TIED"

Die entzückende Galerie zeigt und verkauft jenseits von jedem Küstenkitsch geschmackvolle Bilder, Skulpturen, Schmuck und mehr. *Tgl. 11–18 Uhr | Süden 46 | www.galerie-nf.com*

INSIDER TIPP NORDSTRANDER TÖPFEREI

Seit 20 Jahren dreht sich hier die Töpferscheibe, und die Öfen brennen die friesische blau-graue Glasur. Nebenan in der *Nordstrander Teestuv* gibt's Selbstgebackenes und Regionalküche. *Tgl. 9–18 Uhr | Süden 44 | www. nordstrander-toepferei.de*

Geburtsstätte des friesischen Kaffees mit Schuss: der Pharisäerhof

SCHÄFEREI BAUMBACH ☺

Der Hofladen liegt gleich links, wenn man auf die Insel kommt. Hier gibt es alles vom Schaf – von Fleisch über Käse bis zu Seife. Frische Produkte, auch vom Galloway-Rind, werden mitnahmetauglich verpackt. *März–Okt. Mo–Sa 8–18, So 10.30–18, Nov./Dez. bis 17 Uhr | Pohnshalligkoogstr. 1 | www.lammfleisch.de*

FREIZEIT & SPORT

WATTWANDERN ● ☺

Wanderungen und Touren mit dem Pferdewagen u. a. zur Hallig Südfall (Anmeldung bei Familie Andresen: tgl. 8–12 Uhr | Tel. 04842 3 00). Wattführer: Gabriele und Thomas Kluge (Tel. 04842 90 30 93).

ÜBERNACHTEN

HOTEL AM HEVERSTROM

Moderne Zimmer am Süderhafen. Am Tag Kaffee und Kuchen, abends nettes Restaurant *(Di geschl. | €€)*. *11 Zi. | Heverweg 14 | Tel. 04842 80 00 | www.am-heverstrom.de | €€*

LANDHAUS TRENDERMARSCH

Luxuriöses Anwesen in Strandnähe mit großzügigem Spabereich. *(2 Zi., 3 Suiten, 3 Apt. | Trendermarschweg 10 | Tel. 04842 90 03 80 | €€€*

AUSKUNFT

KURVERWALTUNG

Schulweg 4 | 25845 Nordstrand | Tel. 04842 4 54 | www.nordstrand.de

LOW BUDGET

▶ Jeden Tag ab 17 Uhr gilt im Restaurant *Zur Seebrücke* in *Schobüll* „All you can eat": Wenn Ihr Teller leer ist, können Sie nachordern und für 9,90 Euro essen, bis Sie satt sind. *Tgl. | Nordseestr. 35 | Tel. 04841 66 35 70*

▶ Schwimmen in der Nordsee, spielen oder faulenzen am Deich. ● Eine Kurabgabe gibt es in der gesamten Husumer Bucht nicht.

▶ Im ● *Nationalparkhaus* erfahren Sie gegen eine Spende alles über den Nationalpark und können die Vögel des Wattenmeers aus nächster Nähe betrachten. *Mo–Sa 10–18, So 13–17 Uhr | Hafenstr. 3 | Tel. 04841 66 85 30 | www.nationalparkhaus-husum.de*

ZIEL IN DER UMGEBUNG

NORDSTRANDISCHMOOR
(124 C2) (*🛆 D6*)

Ein Überbleibsel der großen Sturmflut vom 11. Oktober 1634, der sogenannten Buchardiflut. Die 180 ha große Hallig, auch Lüttmoor genannt, ist durch einen Schienendamm mit dem Festland verbunden. Die Loren sind aber kein öffentliches Verkehrsmittel; sie bringen den Halligbewohnern auf Nordstrandischmoor alles Lebensnotwendige. Für Besucher werden in den Sommermonaten Schiffsausflüge und kombinierte Rad- und Wattwanderungen zur Hallig organisiert. Wer bleiben will, kann auf einer der Warften ein Privatzimmer mieten; Gäste werden auch mit der Lore abgeholt. Sehenswert ist der *Friedhof.* Hier liegen sämtliche Grabsteine flach in der Erde, damit sie von den Fluten nicht umgerissen werden – immerhin meldet Nordstrandischmoor etwa 50-mal im Jahr „Land unter". *www.nordstrandischmoor.de | Infos über Schiffsfahrten und Wanderungen zur Hallig sowie über Unterkünfte: Kurverwaltung Nordstrand*

SCHOBÜLL

(125 D2) (*🛆 E6*) 🌊 Über Schobüll (1600 Ew.) führt die Hauptzufahrt nach Nordstrand. Der kleine Ort, seit 2007 ein Stadtteil von Husum, verdankt seine Attraktivität den Naturgewalten.
In der letzten Eiszeit schob sich hier ein Geesthügel bis ans Meer. Auf dieser Erhebung gelegen, braucht Schobüll als einziger Ort an der deutschen Nordseeküste keinen Deich. Wer hier wohnt, hat freien Blick aufs Meer. Das gilt auch für die Gäste des Campingplatzes, die hier beim Blick aufs Wasser und auf Nordstrand wirklich in der ersten Reihe sitzen.

SEHENSWERTES

KIRCHLEIN AM MEER ⭐ 🔴

Über dem Ort thront die kostbar ausgestattete, frühgotische Backsteinkirche aus dem 13. Jh. Sie ist eine beliebte Hochzeitskirche und bekannt für Klassik-Konzertveranstaltungen. Sehenswert im Inneren sind die geschnitzte Barockkanzel und eine Kreuzgruppe aus dem 13. Jh.,

Tischreservierung unbedingt erforderlich. *Mo, Di geschl. | Hockensbüll Alte Landstr. 2a | Tel. 04841 615 80 | www. zum-krug.de | €€*

EINKAUFEN

GALERIE LÜTH

Kunst unter Reet: Aktuelle Gemälde und Skulpturen bekannter und weniger

Ein Kleinod der Backsteingotik: das Kirchlein am Meer in Schobüll

außerdem der Altar und die Taufe aus dem 15. Jh. *www.kirchlein-am-meer.de*

ESSEN & TRINKEN

ZUM KRUG

Regionale, gute Küche im zwischen Schobüll und Husum liegenden Ortsteil *Hockensbüll* in einem wunderschönen Reetdachhaus aus dem Jahr 1707; schon Theodor Storm soll hier getafelt haben.

bekannter Künstler werden im vierwöchigen Turnus ausgestellt. *Mi–So 10–18 Uhr | Altendorfer Str. 21 | www. galerie-lueth.de*

AUSKUNFT

TOURISTINFORMATION SCHOBÜLL

Husumer Bucht e. V. | Großstr. 27 | 25813 | Husum | Tel. 04841 8 98 70 | www. husum-tourismus.de

EIDERSTEDT

Ihre Nasenspitze lockt. Im Profil der Nordseeküste heißt die „Nase" Eiderstedt und bietet an ihrer westlichen Spitze, was es an der Festlandküste sonst nur selten gibt: 12 km Strand aus feinstem Sand.

Eilige Badegäste fahren hinter Heide, am Ende der A 23, entweder über Tönning oder queren die Eider am Eidersperrwerk, um schnell zur Spitze zu kommen. Heute ist dies kein Problem, denn Eiderstedt ist im Lauf der Jahrhunderte mit dem Festland zusammengewachsen.

Um das Jahr 1000 gibt es Eiderstedt noch nicht; die Landschaft ist von Wasserläufen zerrissen. Die ersten Bewohner lassen sich auf den Inseln Everschop, Eiderstedt und Utholm nieder, deichen ihr Land ein, und mit der Zeit verschmelzen die drei Inseln zu einer namens Dreilande, die aber noch vom Festland getrennt ist. Erst den Niederländern, die im 17. Jh. an die Westküste kamen, gelang es, den Wasserlauf zwischen Dreilande und dem Festland trockenzulegen. Im 18. Jh. setzte sich für die Halbinsel der Name Eiderstedt durch. Wer es nicht eilig hat und die Hauptstraße verlässt, bekommt eine Ahnung vom einstigen Reichtum der Bauern. Zeitzeugen sind die 19 Kirchen, in denen es kostbare Kunstwerke zu entdecken gibt, und die stattlichen Bauernhäuser, die Haubarge. Sie erzählen von der wirtschaftlichen Blütezeit Eiderstedts. So wurden im 17. Jh. alljährlich im Tönninger Hafen bis zu 3 Mio. Pfund Käse und zig Tonnen Getreide umgeschlagen. Doch diese Zeiten sind lange vorbei. Züchten

Bild: Strand bei St. Peter-Ording

Die Nase im Wind: An der Spitze der Halbinsel liegt die größte Sandkiste der Küste und lockt mit feinstem Sand

die Eiderstedter Bauern auch heute noch Rinder und Schafe, ernten Raps und Weizen – das meiste Geld wird mit der Nasenspitze verdient.

FRIEDRICH-STADT

(125 E4) (⊞ E7–8) ⭐ **Am Kirchturm sollten Sie sich nicht orientieren, wenn Sie das Zentrum Friedrichstadts (2400 Ew.) suchen. Zwar liegt der Markt mitten in der Stadt, aber eine Kirche fehlt hier.**

Im 17. Jh. träumte der Gottorfer Herzog Friedrich III. (1616–59) von einer Handels- und Hafenstadt zwischen Eider und Treene. Er lockte Niederländer, die wegen ihres Glaubens fliehen mussten, an die Treene, versprach ihnen freie Religionsausübung, Abgabenerlass und andere Privilegien. Anhänger unterschiedlichster Religionen folgten dem Ruf des Herzogs: Mennoniten, Quäker, Sozianer,

FRIEDRICHSTADT

Juden, Lutheraner und Katholiken. Alle bekamen die gleichen Rechte, sodass keiner Kirche eine bevorzugte Lage eingeräumt wurde. Die Niederländer bauten sich ihre Stadt, mit Grachten und rechtwinkligen Straßenzügen; die Kirchen erhielten ihre Plätze zwischen den Bürger-

Grachtenfahrt per Muskelkraft in Friedrichstadt

häusern. Zwar wurden die Träume des Herzogs nicht annähernd verwirklicht, doch ist ihm die „Holländerstadt", in der es heute noch vier Glaubensrichtungen und viele Kirchen gibt, zu verdanken. Ein Städtchen, das zu den schönsten in ganz Norddeutschland zählt.

SEHENSWERTES

ALTE MÜNZE
In diesem original erhaltenen niederländischen Renaissancehaus (1626) wurden nie Münzen geprägt, sondern es diente dem Statthalter als Amtssitz. Heute ist die Alte Münze das *Historische Museum*. Im Garten findet sich der alte Mennonitenfriedhof. *Mai–Sept. Di–So 11–17, Okt., April Di–Fr 15–17, Sa, So 13–17 Uhr | Eintritt 2,50 Euro | Am Mittelburgwall 23 | www.museum-friedrichstadt.de*

MARKT
Die schmucken Treppengiebel der Häuserreihe (16–24) an der Westseite des Markts lassen ahnen, wie „holländisch" Friedrichstadt einst war. Am ursprünglichsten ist das sogenannte Edamer Haus (Nr. 16) mit dem Engelskopf aus Sandstein als Fassadenschmuck. In der Mitte des Markts steht ein Brunnenhäuschen, verziert mit Versen über das Wasser, gereimt von dem Heimatdichter Klaus Groth (1819–99).

REMONSTRANTENKIRCHE
Die schönste Kirche der Stadt, 1854 im Stil des Klassizismus als Nachfolgebau der Saalkirche von 1624 errichtet. Die Friedrichstädter Remonstrantengemeinde hat ca. 180 Mitglieder, und zum monatlichen Gottesdienst kommt der Pastor eigens aus den Niederlanden angereist. *Prinzeßstraße | Besichtigung im Rahmen einer Stadtführung möglich*

ESSEN & TRINKEN

HOLLÄNDISCHE STUBE
Gut essen oder Kaffee trinken im alten Giebelhaus oder auf der Terrasse direkt an der Gracht. *Tgl. | Am Mittelburgwall 24–26 | Tel. 04881 9 39 00 | www.hollaendischestube.de | €€*

HERZOG FRIEDRICH

Wer hier im lauschigen INSIDER TIPP Garten bei Kaffee und Kuchen sitzt, möchte nicht wieder weg. Die Küche setzt saisonale Schwerpunkte, im Herbst z. B. sind Kohl und Zander dran. Auch 14 individuelle Zimmer (€€€). April–Okt. tgl. | Schmiedestr. 11a | Tel. 04881 17 71 | www.herzog-friedrich.de | €€ – €€€

EINKAUFEN

Gemütliche Einkaufsmeile ist die vom Markt abgehende Prinzenstraße – Einrichtungsläden und Souvenirshops, Tee und Räucherfisch, Keramikstudios und Galerien in alten Giebelhäusern.

FREIZEIT & SPORT

GRACHTEN-, TREENE-, EIDERFAHRTEN ●

Erleben Sie die Stadt vom Wasser aus, oder unternehmen Sie eine kleine Flusskreuzfahrt auf Eider und Treene. Auch Ruder- und Tretbootverleih. Grachtenfahrt 7,50 Euro, Bootsverleih 10 Euro/Std. | Günther Schröder | Am Markt 17 | Tel. 04881 73 65 | www.grachtenschifffahrt.de

ÜBERNACHTEN

AQUARIUM

Vier-Sterne-Hotel mit Schwimmbad und Sauna, gutem Restaurant und Zimmern mit allem Komfort. 38 Zi. | Am Mittelburgwall 4–8 | Tel. 04881 9 30 50 | www.hotel-aquarium.de | €€€

TREENEHOF (125 D4) (𝄞 E7)

Ganz nah am Flüsschen Treene, 2 km nordwestlich, liegt in einem Park dieser ehemalige Bauernhof mit hübschen Zimmern im Landhausstil. Zum Haus gehört ein Café-Restaurant, und über die Treene können Sie mit der hauseigenen Fähre setzen. 8 Zi., 5 Apt. | Herrnhallig 9 | Koldenbüttel | Tel. 04881 93 71 20 | www.treenehof.de | € – €€

AUSKUNFT

TOURISMUSVEREIN FRIEDRICHSTADTF

Lassen Sie sich hier mit einem iTour-Guide ausstatten und lauschen Sie beim Stadtrundgang Wissenswertem zu 26 Stationen (7,50 Euro/3 Std.). Am Markt 9 | 25840 Friedrichstadt | Tel. 04881 9 39 30 | www.friedrichstadt.de

GARDING

(124 C5) (𝄞 D8) In Garding (2700 Ew.), genau auf halber Strecke zwischen Tönning und St. Peter-Ording, führen alle Wege zum Marktplatz.

Hier bieten seit über 400 Jahren jeden Dienstag Händler ihre Waren an. Im

MARCO POLO HIGHLIGHTS

⭐ **Friedrichstadt**
Ein Hauch von Holland: Grachten und Giebelhäuser → S. 57

⭐ **Strand**
St. Peter-Ording besitzt die größte Sandkiste an der Küste → S. 61

⭐ **Westerhever Leuchtturm**
Hier oben sagen Paare ja → S. 64

⭐ **Multimar Wattforum**
An Land unter Wasser gucken → S. 65

⭐ **Roter Haubarg**
Museum und Gaststätte unterm riesigen Reetdach → S. 67

Das Theodor-Mommsen-Denkmal im Gardinger Stadtpark

Zentrum des Treibens, auf dem höchsten Punkt der Stadt, steht die St.-Christians-Kirche. Ihr massiver Turm wirkt, als wolle er die kleinen Häuser rund um die Kirche behüten. 1590 erhielt Garding, mit Käse zu Reichtum gekommen, zusammen mit Tönning das Stadtrecht.

SEHENSWERTES

ST.-CHRISTIANS-KIRCHE
Die im 12. Jh. errichtete Kirche wurde im 15. Jh. zu einer zweischiffigen Hallenkir-

che umgebaut. Die Orgel (1512) besitzt den ältesten Orgelprospekt Norddeutschlands. *Markt 4*

INSIDER TIPP ▶ THEODOR-MOMMSEN-GEDÄCHTNISSTÄTTE
Das älteste Haus der Stadt, das Alte Diakonat am Kirchplatz, ist das Geburtshaus des Rechtswissenschaftlers und bedeutenden Historikers Theodor Mommsen (1817–1903). 1902 wurde Mommsen als erster Deutscher für seine Schriften zur römischen Geschichte mit dem Nobelpreis für Literatur ausgezeichnet. Im Haus ist eine kleine Gedenkausstellung eingerichtet. *Besichtigung nach Vereinbarung | Eintritt frei | Am Markt 5 | Tel. 04862 172 67*

ESSEN & TRINKEN

INSIDER TIPP ▶ KERLINS KUPFERPFANNE
Ungewöhnlich, aber durchaus köstlich: 21 verschiedene Schweizer-Rösti-Gerichte, aber auch hervorragende regionale Fleisch- und Fischgerichte. *Mi geschl. | Fischerstr. 1 | Tel. 04862 2 56 | www.kerlins-kupferpfanne.de | €€ – €€€*

TAPAS BAR NO.5
España in Eiderstedt: lockere Atmosphäre, sehr gute Tapas, dazu (vorwiegend spanische) Weine und Cocktails. *Di geschl. | Fischerstr. 5 | Tel. 04862 2 0183 73 | www.tapas-bar-no5.de | €*

ÜBERNACHTEN

BED & BREAKFAST
Helle Zimmer im skandinavischen Stil in einem Bürgerhaus von 1820. Renate Götze führt seit 2006 – im besten Wortsinn – ein Gästehaus. Zur familiären Atmosphäre gehört es auch, dass ihre Gäste INSIDER TIPP ▶ *die Frühstückszeit selbst bestimmen* können. *6 Zi. | Gar-*

tenstr. 21 | Tel. 04862 20 10 40 | www.
bb-eiderstedt.de | €€

ZUR SONNENSEITE

Sechs komfortable Wohnungen mit Balkon oder Terrasse. Am südlichen Ortsrand. *Tönninger Str. 4 | Tel. 04862 10 20 13 | www.zursonnenseite.de | €*

AUSKUNFT

TOURISMUSZENTRALE GARDING

Am Markt 26 | 25836 Garding | Tel. 04862 4 69 | www.tz-eiderstedt.de | www.garding-nordsee.de

ZIELE IN DER UMGEBUNG

TATING (125 B5) (*M C8*)

Das Örtchen (950 Ew.) ca. 6 km westlich besitzt neben St. Magnus, der ältesten Kirche Eiderstedts (ab 1103), eine weitere Attraktion, den 4 ha großen *Hochdorfer Garten*, etwa 1760 nach den formalen Prinzipien französischer Gartenbauarchitektur angelegt. Wer durch den sehenswerten Park spaziert ist, kann nebenan im *Café Schweizer Haus* durchschnaufen (*Mi–So | Düsternbrook 10 | Tel. 04862 10 26 87 | €€*) und sich mit Kuchen oder Steaks verwöhnen lassen.

TETENBÜLL (124 C4) (*M D8*)

6 km nordöstlich von Garding liegt das Eiderstedter Bilderbuchdorf: inmitten von grünem Land, Schafe und Haubarge drum herum. Im **INSIDER TIPP** *Haus Peters* wird man in die gute alte Zeit versetzt. Der ehemalige Kaufmannsladen aus dem Jahre 1820 ist die älteste erhaltene dörfliche „Hökerei" Schleswig-Holsteins. Zu sehen gibt es neben dem historischen Laden einen Raum mit Radierungen von Horst Janssen, Wechselausstellungen zu Kunst und Regionalgeschichte und einen typischen Bauerngarten. Kaufen kann man Kunsthandwerk, Bücher, Grafiken – und Marmelade & Co. *Juni–Sept. Di–So 11–18, Okt.–Dez., März–Mai Di–So 14–18, Jan., Feb. Sa, So 14–18 Uhr | Eintritt frei | Dörpstraat 16 www.museen-sh.de*

ST. PETER-ORDING

KARTE IM HINTEREN UMSCHLAG
(124 A–B5) (*M C8*) St. Peter-Ording ist die Sandkiste der Nordseeküste. ⭐ 12 km Strand, da ist genug Platz für die 200 000 Strandläufer, die es hier jährlich ans Wasser drängt.

Und laufen müssen Sie am Westzipfel Eiderstedts. Der Strand ist breit, der Weg zum Wasser weit. Im Ortsteil St. Peter-Bad pilgern Sie über 1000 m Holzplanken, bis Sie Sand und Wasser unter die Füße bekommen.

Da ist der Fahrradsteg zum Ordinger Strand eine echte Alternative. In Ording und Böhl dürfen Sie faul und Umweltsünder sein: Vom 15. März bis 31. Oktober ist es hier erlaubt, im Auto über den Strand zu fahren (*Parkplakette 6 Euro/Tag*). Haben Sie ein Herz für die Umwelt, jedoch müde Füße, dann chauffiert Sie ein Busshuttle an Ihren Badeplatz. Außerdem locken ein 350 ha großer Kiefernwald zum Wandern und eine schwefelhaltige Solequelle – St. Peter-Ording ist Nordseeheilbad.

Aus vier Ortsteilen ist St. Peter-Ording (4100 Ew.) zusammengewachsen: In *Dorf* heißt es shoppen und schlemmen. Im alten Ortskern gibt es zig Restaurants und Boutiquen. In *St. Peter-Bad* befinden sich die Kurverwaltung und das Wellenbad mit Dünensauna und Therme. Nach Sonnenuntergang tauchen extra entworfene Leuchten und Gasfackeln die Promenade in heimeliges Licht.

ST. PETER-ORDING

Sportlicher geht es in *Ording* zu: Dort treffen sich Surfer und Strandsegler, werden Mann und Frau (erlaubt) nahtlos braun. In *St. Peter-Böhl* ist es eher beschaulich, hier steht auch St. Peters Leuchtturm, und die Tiere im *Westküstenpark (S. 108)* warten auf Besucher.

SEHENSWERTES

MUSEUM DER LANDSCHAFT EIDERSTEDT (U D5)(💷 d5)

In dem reetgedeckten friesischen Bauernhaus aus dem 18. Jh. gibt es Möbel, Haushalts- und Wertgegenstände aus vier Jahrhunderten Eiderstedter Lebens zu sehen. *März–Okt. Di–Sa 10–17, So 10–13, Nov.–Feb. Di–Sa 14–17, So 10–13 Uhr | Eintritt 4,50 Euro | Olsdorfer Str. 6 | www.museum-landschaft-eiderstedt.de*

KIRCHE ST. PETER (U D5)(💷 d5)

Der um 1200 errichtete Backsteinbau mit dem kleinen Turm ist heute Zentrum des Ortsteils St. Peter-Dorf. Die Kirche wurde im 19. Jh. renoviert. Der Altar (um 1500) ist der älteste Schnitzaltar Eiderstedts.

PFAHLBAURESTAURANTS 🔆 (U D5) (💷 d5)

Die Pfahlbauten – ursprünglich an fünf Stellen des Strands als Umkleidekabinen gebaut – sind charakteristisch für St. Peter-Ording. Sie haben nur in der Saison (März–Okt.) geöffnet. Bis zu 8 m über dem Sand bzw. Wasser kann man hier in die Weite träumen. Wer sichergehen und trockenen Fußes zurück aufs Festland will, schaut vorher in den Gezeitenkalender.

ESSEN & TRINKEN

GAMBRINUS (U B5)(💷 b5)

Die erstklassige regionale Küche von Dieter Stumpp ist dem Michelin immerhin eine Bib-Gourmand-Auszeichnung wert! Hübsche, lauschige Caféterrasse und -garten. *Mo geschl. | Strandweg 4 | Tel. 04863 29 77 | www.restaurant-gambrinus. de | €€ – €€€*

SEEKISTE (U F6)(💷 f6)

„Ludwigs Labskaus" ist legendär, „Utes Lamm-Eintopf" mit Wirsing ein Genuss. Wie überhaupt die deftige und trotzdem raffinierte Küche die Wanderung zu diesem Pfahlbau lohnt. *Tgl. | Böhler Strand | Tel. 04863 47 67 57 | www.dieseekiste. de | €€*

WANLIK-HÜS (U D5)(💷 d5)

Im friesischen Ambiente des wohl ältesten Hauses in St. Peter (1656) können Sie köstliche Fisch- und Lammspezialitäten genießen. Gute Weinkarte. *Tgl. | Dorfstr. 27 | Tel. 04863 30 30 | €€ – €€€*

EINKAUFEN

NORDSEE-BERNSTEINMUSEUM (U D5)(💷 d5)

Natur- und kulturgeschichtliche Ausstellung über das „Gold des Nordens". Außerdem gibt es hier eine INSIDER TIPP Bern-

Oasen hoch überm Strand: Die Pfahlbaurestaurants sind die Wahrzeichen St. Peter-Ordings

steinschleiferei und Schmuck aus diesem Harz *(Vortrag u. Museumsführung Mo 17 Uhr | 2 Euro)*. Wer möchte, kann sich selbst ein Bernsteinschmuckstück anfertigen *(Mi 16 Uhr | ab 15 Euro Materialkosten | Anmeldung nötig). Dorfstr. 15 | Tel. 04863 5611 | www.bernsteinmuseum.de*

HONIG (U D5) *(d5)*

Wenn Imker Peter Groth nicht bei seinen Bienen ist, ist er zu Hause, und Sie können seinen absolut reinen Raps-, Sommer- oder Kleehonig kaufen. Unbedingt vorher anrufen. *Gorch-Fock-Weg 26 | Tel. 04863 2345 | www.heimathonig.de*

FREIZEIT & SPORT

DÜNEN-THERME ● (U B5) *(b5)*

Wellenbad mit allerlei Wasserspielen, Saunabereich mit Meerblick, Dampfbad. *April–Okt. Mo–Sa 9.30–22, So 10–19, Nov.–März Mo–Sa 14–22, So 10–19 Uhr | Staffelpreise: ab 7 Euro (2 Std.), Tageskarte 13 Euro zzgl. Kurabgabe | Maleens Knoll | www.duenen-therme.de*

SPORT AM STRAND

Baden? Wie langweilig! Das vielfältige Sportangebot entspricht der Größe des Strands: Es reicht von Beachsoccer über Reiten und Surfen bis zum Strandsegeln. *Auskünfte beim Tourist-Service-Center*

ÜBERNACHTEN

INSIDER TIPP GARTENHOTEL CHRISTIANA (U C5) *(c5)*

Kleines Hotel garni in einer Jugendstilvilla mit Sauna und großem Garten. *10 Zi., 4 Apt. | Im Bad 79 | Tel. 04863 9020 | www.hotel-christiana.de* | €€ – €€€

LANDHAUS AN DE DÜN (U C5) *(c5)*

Edles Hotel im eleganten Kurhausstil. Schönes Schwimmbad, Thalassobereich.

ST. PETER-ORDING

Das Frühstück wird im Wintergarten serviert. *15 Zi. | Im Bad 63 | Tel. 04863 9 60 60 | www.hotel-landhaus.de | €€€*

STRAND GUT RESORT (U B5) (🗺 b5)
Sicher das coolste Hotel in St. Peter-Ording, wobei cool hier kühl nahekommt. Das Design der 100 Zimmer ist minimalistisch, hell, jung, die Lage des Hotels kaum zu überbieten. Mit Bistrorestaurant *Deichkind (€€)* mit direktem Zugang zur Dünen-Therme. *Am Kurbad 2 | Tel. 04863 9 99 90 | www.strandgut-resort.de | €€€*

AUSKUNFT

TOURIST-SERVICE-CENTER
(U D5) (🗺 d5)
Maleens Knoll 2 | 25826 St. Peter-Ording | Tel. 04863 99 90 | www.st.peter-ording.de

ZIEL IN DER UMGEBUNG

WESTERHEVER LEUCHTTURM ★ ☀
(124 B4) (🗺 C7)
Der rot-weiße Turm mit den beiden Wärterhäuschen am Fuß ist 37 m hoch, inklusive der Warft, auf der er steht, sogar 41,5 m. Er wurde 1907 auf einem Fundament aus Baumstämmen errichtet, um ein Absacken zu verhindern. Der Turm (10 km nördlich von St. Peter) kann nach Absprache *(Tel. 04865 12 06)* oder Anmeldung bei der Tourismuszentrale Eiderstedt besichtigt werden *(4 Euro | ab 8 Jahren).* Für Paare, die hier oben einander Ja sagen möchten, führen 140 Stufen in den Ehehimmel *(Informationen: Tourismuszentrale Eiderstedt | Garding | Tel. 04862 4 69).* (Nicht nur) für die Hochzeitsnacht bietet sich eines der schönen,

Hinter gläsernen Wänden warten die Wunder des Wattenmeers: Multimar Wattforum

stilvollen Apartments in der *Alten Strand-vogtei,* einem alten Haubarg beim Ort Westerhever *(5 Fwg. | Osterdeich 1 | Tel. 04865 8 43 | www.reet-und-meer.de),* an.

TÖNNING

(125 D5) (🕮 E8) Wollen Sie das alte Tönning entdecken, fahren Sie zum Hafen. Er ist der schönste an der Nordseeküste und zeugt von einstiger wirtschaftlicher Blüte.

Tönnings Lage an der Eidermündung sorgte für Wohlstand. Getreide, Käse und Wolle wurden hier im 17. und 18. Jh. umgeschlagen, Vieh nach England verschifft. Ende des 19. Jhs. fiel die Hafenstadt, nicht zuletzt durch den Bau des Kaiser-Wilhelm-Kanals, in einen Dorn-röschenschlaf, jedoch ohne Schloss. Dies war im Zuge der dänischen Belagerung im 18. Jh. abgerissen worden; geblieben ist der Park. Wachgeküsst vom Tourismus, ist Tönning (4900 Ew.) heute ein beliebter Urlaubsort.

SEHENSWERTES

MARKTPLATZ
Rund um den Sandsteinbrunnen von 1613 zeugen einige Giebelhäuser vom einstigen Reichtum. Im Norden des Platzes ragt der 62 m hohe, 1706 errichtete Barockturm der St.-Laurentius-Kirche empor. Ältester Teil des Kirchenschiffs ist die Nordmauer aus dem 12. Jh. Im Inneren sind u. a. Deckenmalereien des 17. Jhs. zu sehen.

MULTIMAR WATTFORUM ★ ● ☺
Das Wattforum ist einzigartig an der Nordseeküste: 36 m² misst die Panoramascheibe des größten der 36 Aquarien – in 2 50 000 l Meerwasser ziehen Dorsche, Seelachse und Wolfsbarsche ihre Bahnen. Im zweistöckigen Turmbecken leben u. a. Hummer und Seewölfe. Letztere können Sie vom Restaurant in der zweiten Etage beobachten – und umgekehrt. Star im Wattforum ist ein Pottwal, 1997 vor der dänischen Insel Rømø gestrandet, 45 t schwer und zum Zeitpunkt seines Todes etwa 30 Jahre alt. Sein 17,5 m langes Skelett hängt an Drahtseilen unter der Decke im extra gebauten Walhaus. *April–Okt. tgl. 9–18, Nov.–März 10–17 Uhr | Eintritt 8 Euro | Am Robbenberg | www.multimar-wattforum.de*

PACKHAUS
Auf der 4000 m² großen Fläche des imposanten dreistöckigen Gebäudes von 1783 wurden Rinder und Schafe zusammengetrieben, bevor sie verschifft wurden, Waren aus dem ganzen Land wur-

Allein wegen des Interieurs
eine Einkehr wert: Andresen

den hier auf die Reise geschickt. Heute
wird hier unter anderem die Ausstellung
„Tönning im Wandel der Zeit" gezeigt
(Mai–Sept. Di–So 14.30–17.30 Uhr | Eintritt 1,50 Euro). Am Eiderdeich/Hafen

ESSEN & TRINKEN

INSIDER TIPP SCHANKWIRTSCHAFT ANDRESEN (118 C5) (*ØØ D8*)

300 Jahre alter Gasthof hinter dem
Deich, etwa 9 km südwestlich von Tönning. Hausgebackener Kuchen, kleine
Gerichte. Berühmt ist der Eiergrog.
*Tgl. | Katingsiel | Tel. 04862 3 70 | www.
schankwirt.de | €–€€*

GODEWIND

Sehr gemütliches Restaurant mit Wintergarten und Terrasse am Hafen. Fisch gibt
auf der Speisekarte den Ton an. Auch stilvolles Hotel *(6 Zi. u. Suiten | €€–€€€).*

*Mo geschl.| Am Hafen 23 | Tel. 04861
66 00 | www.hotel-godewind.info | €€*

WEINGARTEN

Urige Atmosphäre, umfangreiche Karte. Schöne Idee: die INSIDER TIPP verschiedenen Käseplatten, zu denen der
passende Wein serviert wird. *Tgl. | Herrengraben 8 | Tel. 04861 10 03 | www.
weingartenamschlosspark.de | €€*

EINKAUFEN

ALTE FISCHEREIGENOSSENSCHAFT

Krabben und Räucherfisch und Salate
frisch am Hafen. *Mo–Fr 8–18, Sa 8–
13 Uhr | Am Eiderdeich 12*

ÜBERNACHTEN

STRANDHOTEL FERNSICHT

Solides Haus direkt an der Eider. Restaurant mit friesischen und regionalen Spezialitäten. *45 Zi. | Strandweg 3 | Tel. 04861
4 75 | www.strandhotel-fernsicht.de | €€*

HOTEL MIRAMAR

Das Vier-Sterne-Hotel zählt zu den besten
Häusern an der Küste. Die Zimmer sind
sehr gut ausgestattet, meist mit Balkon
oder Terrasse. Solides Restaurant *(€€).
34 Zi. | Westerstr. 21 | Tel. 04861 90 90 |
www.nordsee-hotel-miramar.de | €€€*

AUSKUNFT

TOURIST-INFORMATION

*Am Markt 1 | 25832 Tönning | Tel. 04861
6 14 20 | www.toenning.de*

ZIELE IN DER UMGEBUNG

EIDERSPERRWERK (124 C5) (*ØØ D8*)

Für Urlauber ist das Eidersperrwerk, 9 km
südwestlich von Tönning, vor allem eine
Abkürzung auf dem Weg von Hamburg

nach St. Peter-Ording. Wer nicht über Tönning fahren möchte, fährt ab Heide Richtung Wesselburen über den *Eiderdamm* und durch den 263 m langen Tunnel des Sperrwerks – ohne zu ahnen, was sich rund um den Tunnel tut.

Sind unter der Autoröhre die fünf Schotten von je 40 m Breite „dicht", wird die Nordsee bei einer Sturmflut ausgesperrt. Das Hochwasser bleibt draußen; die Flüsse Eider und Treene behalten trotz Flut ihre normalen Pegel. Setzt die nächste Ebbe ein, werden die Schotten geöffnet und das (Regen-)Wasser aus dem Binnenland kann über Treene und Eider in die Nordsee fließen. Bei normalem Wetter bleiben die Sieltore offen, und der Tidestrom kann das Sperrwerk ungehindert passieren: bis zu 30 Mio. m³ Wasser rauschen dann hier durch. Vor dem Bau des 4,8 km langen Eiderdamms mit dem Sperrwerk (1967–73) wurde die Mündung des Flusses regelmäßig überflutet, und die ins Land drängenden Wassermassen stauten Eider und Treene. Damit ist seit 1973 Schluss: Seitdem die Nordsee ausgesperrt ist, verwandelte sich eine Hälfte der Eidermündung in einen Koog, das *Katinger Watt (www.wsv. de/wsa-toe/bauwerke)*.

ROTER HAUBARG ⭐ ●
(125 D3) (*ℳ E7*)

Von Süden – also von Tönning – kommend, müssen Sie durch das 10 km nördlich liegende Witzwort hindurchfahren, nach 3 km und einer scharfen Rechtskurve erreichen Sie den *Adolfskoog*. Und dann können Sie ihn sehen – den schönsten und stattlichsten Haubarg Eiderstedts, einen mächtigen Hof (750 m² Grundfläche) mit einer riesigen Reethaube, versteckt hinter dem Wind trotzenden Bäumen. Nur rot ist er nicht. Nun, das war einmal, im 17. Jh., als die roten Backsteinmauern noch unverputzt

waren. Inzwischen sind die Außenwände weiß getüncht.

Wie einst die Besucher des Bauern müssen auch Sie durch die Diele. Schauen Sie mal hoch zum Deckengebälk – hier nisten Schwalbenfamilien. Wollen Sie sich erst mal stärken, dann bekommen Sie im Südteil, wo einst die Herrschaft wohnte, delikate Spezialitäten und köstliche Kuchen serviert *(Mo geschl. | Tel. 04864 8 45 | €€–€€€)*. Sind Sie neugierig auf das, was sich unter der Haube verbirgt, führt eine unscheinbare Tür in den Vierkant. Heute beherbergt dieser Wirtschaftsteil des Roten Haubargs ein *Museum*, in dem es all das zu sehen gibt, womit die Haubargbauern einst ihre Äcker bestellten und ihr Vieh versorgten. *www.roterhaubarg.de*

Strahlt in schmuckem Weiß: der berühmte Rote Haubarg

DITHMARSCHEN

Der Blick auf die Landkarte weckt Erwartungen: Nordseeküste von der Elbe- bis zur Eidermündung. Wer hier jedoch das Gestade ansteuert, Strand und Nordseewellen erhofft, gar mit Badehose und Handtuch den Deich erklimmt, wird sich fragen: Wo bitte ist das Meer?

Hinter dem Deich erstrecken sich Landgewinnungsfelder, Watt und irgendwo weit draußen, unerreichbar für ein erfrischendes Bad, die Nordsee. Der kürzeste Weg ins Wasser führt in Dithmarschen über Büsum, das Ballungsgebiet der Badegäste. Ist der Sand auch von Baggerschaufeln aufgeschüttet, hier gibt es all das, was das Symbol „Strandbad" auf der Landkarte verspricht.

Wer sich nicht den lieben langen Tag am Strand räkeln mag, sondern das Land entdecken will und etwas über die kämpferischen Bauern erfahren möchte, der sollte die Nordseeküste auch mal links liegen lassen und die Städte Meldorf und Heide besuchen. Hier wurde Dithmarscher Geschichte geschrieben. Im 16. Jh. zeigten 6000 Dithmarscher dem Dänenkönig Johann, was eine Harke ist. Im wahrsten Sinn des Wortes, denn über andere Waffen verfügten die aufgebrachten Ackermänner nicht. Sie lockten das 12 000 Mann starke Dänenheer auf die einzige passierbare Straße, öffneten die Sieltore, und der Feind wurde von den Fluten in die Flucht geschlagen. Auf der *Dusenddüwelswarf* (Tausendteufelswarft) bei Hemmingstedt erinnert heute ein Denkmal an die Schlacht.

**Bauernland und grüner Strand:
Kohl, Küste, Krabbenfänger und Geschichten
vom Krieg stolzer Bauern**

BRUNS-BÜTTEL

**(126–127 C–D5) (🗺 E–F12) Brunsbüttel
hat zwei Gesichter: Westlich vom Nord-
Ostsee-Kanal der alte Dorfkern Brunsbüttel mit Fachwerkhäusern aus dem
18. Jh., dem Kirchplatz und der 1679
erbauten Jakobuskirche.**
Östlich erstreckt sich beiderseits des
Kanals Brunsbüttelkoog, ein riesiges

Industrieareal mit Chemiefabriken und
dem Atomkraftwerk. Dorf und Industrie wurden 1969 zur Stadt Brunsbüttel
(13 000 Ew.) zusammengeschlossen. Als
Ein- bzw. Ausfahrt des Nord-Ostsee-Kanals ist die Schleusenanlage Brunsbüttels
Touristenattraktion. Und die Stadt will
mehr: Rund um die Schleusenanlage
soll unter Einbeziehung des Elbufers die
Schleusenmeile entstehen, mit Erlebnis-
park, Hotel, Kunstufer und Aussichtsbrü-
cke. Unter *www.schleusenmeile.de* können Sie sich informieren.

BRUNSBÜTTEL

SEHENSWERTES

BRUNSBÜTTELER
SCHLEUSEN ★ ● ☼

Von einer Aussichtsplattform aus lässt sich das Schleusen dicker Pötte beobachten. Wann welches Schiff die Schleusen passiert, erfahren Sie unter *Infotel. 04852 88 51 22.* Im *Atrium*, dem Museum, sind Schiffs- und Schleusenmodelle zu sehen, und hier sind Entstehung und fährt man alles über die Geschichte Brunsbüttels. *März–Okt. Di, Do, Sa, So 14.30–17.30, Mi 10–12 Uhr, sonst n. V. | Eintritt frei | Markt 4 | www.museum-brunsbuettel.de*

NORD-OSTSEE-KANAL
Die Wirtschaftswege rechts und links des Kanals laden ein zu einem Spaziergang, einer Fahrradtour; oder Sie setzen sich auf eine Bank, „gucken Schiffe" und träu-

Besonders beliebt während der Kreuzfahrtsaison: „Shipspotting" am Nord-Ostsee-Kanal

Geschichte des Nord-Ostsee-Kanals dokumentiert. *Plattform tgl. von Sonnenauf- bis Sonnenuntergang, Atrium Mitte März–Mitte Nov. tgl. 10.30–17 Uhr | Eintritt 2 Euro | Gustav-Mayer-Platz*

HEIMATMUSEUM BRUNSBÜTTEL
Im 1905 erbauten ehemaligen Rathaus geben Bilder, Karten, Fotos, Kunst- und Gebrauchsgegenstände einen Einblick in das Leben von einst. Hier ermen von der großen, weiten Welt. Nach über 100 Jahren seines Bestehens (Eröffnung 21. Juni 1895) wirkt der Kanal mit den üppigen Uferböschungen wie ein Stück Natur. Nichts weist darauf hin, dass hier einst 7500 Arbeiter, vorwiegend nur mit Spaten ausgerüstet, 80 Mio. m³ Erde bewegt haben. War der Kanal 1895 66 m breit, misst er heute 162 m. In Dithmarschen liegt seine Wasseroberfläche deutlich über den angrenzenden

Marschen; der Wasserlauf wird in dieser tief liegenden Landschaft von Dämmen begrenzt. So scheinen die 43 000 Schiffe, die jährlich die meistbefahrene künstliche Wasserstraße der Welt passieren – aus der Ferne gesehen –, über das Land zu gleiten. Wenn im Mai die Saison der Traumschiffe beginnt, ziehen die weißen Kreuzfahrtriesen wie Wohnhäuser durch die grüne Landschaft. Wann welcher Kreuzfahrer den Kanal durchfährt, erfahren Sie z. B. auf www.nok-sh.de.

6,5–8,5 Stunden dauert die knapp 99 km lange Passage von den Schleusen in Brunsbüttel bis nach Kiel-Holtenau, der Ausfahrt in die Ostsee. Im Land dürfen die Kapitäne nur mit halber Kraft schippern; die zulässige Höchstgeschwindigkeit liegt bei 15 km/h, führen sie schneller, würden Sog und Wellenschlag Bett und Böschung des 11 m tiefen Kanals beschädigen. Geht es auch nur langsam voran, früher, als es den Kanal noch nicht gab, mussten die Seeleute um Skagen segeln – ein Umweg von 250 Seemeilen. www.wsv.de/wsa-bb

ESSEN & TRINKEN

INSIDER TIPP ▶ OP'N DIEK

Auf dem Elbdeich, 5 km westlich, liegt diese gemütliche Gaststätte mit Biergarten. Vieles, z. B. der Eiergrog, ist hier hausgemacht, und jeden Donnerstagabend gibt's knackfrischen „Aal satt" – gebraten, geräuchert, süß-sauer. Mo geschl. | Op'n Diek 3 | Neufeld | Tel. 04851 18 40 | € – €€

STRANDHALLE

Mittags und am Abend Fischgerichte, am Nachmittag Kaffee und Kuchen. In der Strandhalle isst man mit Aussicht auf Elbe und dicke Pötte. Tgl. (im Winter Mo geschl.) | Deichstr. 75 | Tel. 04852 66 00 | www.strandhalle-brunsbuettel.de | € – €€

ZUM YACHTHAFEN

Schlemmen mit Blick auf die Schleusenanlage. Spezialität: Krabbengerichte. Tgl. | Kreystr. 1 | Tel. 04852 23 06 | www.zumyachthafen.de | €€

EINKAUFEN

WAGNER

Die bundesweit bekannte Pralinen- und Trüffelmanufaktur betreibt auf ihrem Firmengelände einen Shop – Fabrikverkauf für Schleckermäuler. Mo–Do 7–14.30 Uhr | Gutenbergring 3–5 | www.wagner-pralinen.de

FREIZEIT & SPORT

SCHIFFSFAHRTEN ●

Am Yachthafen an den Schleusen legen die „Nordstern" und die „Germania" zu Ausflugsfahrten in die Elbe und den Ka-

★ **Brunsbütteler Schleusen**
Am Westende des Kanals müssen die dicken Pötte durch → S. 70

★ **Kutterhafen**
Kutter gucken und Krabben pulen in Büsum → S. 73

★ **Seehundstation Friedrichskoog**
Hilfe für Heuler und mehr → S. 75

★ **Windenergiepark Westküste**
Alles dreht sich hier um den Wind → S. 76

★ **Dom**
Die größte Kirche der Westküste ist der Meldorfer Dom → S. 80

MARCO POLO HIGHLIGHTS

nal ab – von frühmorgens bis spätabends. *Tel. 04823 9 26 10 | www.psb-brandt.de*

INSIDER TIPP COPACANALA

Auch Brunsbüttel hat seine Strandbar, und zwar südlich des Kanals. Wenn abends Fackeln den „Strand" sanft beleuchten und langsam die Schiffe vorbeiziehen, dann wird's karibisch am Kanal. *Tgl. (außer bei Sturm und Regen) | Am Südkai 1 | Tel. 01522 7 17 05 90 | www.copacanala.com*

ELBEFORUM BRUNSBÜTTEL

Theater, Konzert, Musical, Oper, Operette, Kabarett – Kultur wird in Brunsbüttel im Elbeforum geboten. *Von-Humboldt-Platz 5 | Theater- u. Konzertkasse: Mo–Fr 10–12.30, Di, Do auch 16–17.30 Uhr | Tel. 04852 54 00 54 | www.elbeforum.de*

KLEINER YACHTHAFEN

2010 eröffnetes, sehr hübsches Hotel, zentrumsnah gegenüber vom Elbdeich gelegen. Klar und modern eingerichtet. Hintenraus schnuckelige Terrasse mit kleiner Teichanlage. *30 Zi. | Hafenstr. 16 | Tel. 04852 9 40 09 33 | www.hotel-kleiner-yachthafen.de | €€*

TOURIST-INFO

Gustav-Meyer-Platz 2 | 25541 Brunsbüttel | Tel. 04852 83 66 24 | www.brunsbuettel.de

MARNE (126 C4) (*ⲙ E11*)

Noch im 18. Jh. lag Marne (5900 Ew.) direkt am Meer. Im Zuge der Eindeichung und Landgewinnung verlor Marne den Hafen und wurde zu einer Kleinstadt im Binnenland, 12 km nordwestlich von Brunsbüttel. Leider ist von dem historischen Charme nur wenig geblieben. Erinnerungen an die alten Zeiten weckt der Kirchhof der *Maria-Magdalenen-Kirche.* Blickfang ist die Fassade der *Sonnenapotheke,* in der bereits 1755 Pillen gedreht und Säfte gebraut wurden. Gebraut wird in Marne auch das als „Beugelbuddelbeer" (Bügelflaschenbier) bekannte Dithmarscher Pilsener, süffiger Beweis dafür, dass die Dithmarscher nicht nur was von Kohl und Rüben verstehen.

Eine Skatrunde, bestehend aus Apotheker, Kaufmann und Brauereibesitzer, schuf 1873 den Grundstock für das Heimatmuseum *Marner Skatclub.* Verwahrt werden hier Möbel, Trachten und Raritäten aus der Region *(Di–Fr 15–17, So 10–12 Uhr | Eintritt 2 Euro | Museumstr. 2).* Geselligkeit und Frohsinn spielen in Marne ohnehin eine große Rolle: Der Karnevalsverein (Motto: „Marn' hol fast!") erfreut sich regen Zuspruchs. *Touristik-Info Marne | Deichstr. 2 | Tel. 04851 95 76 86 | www.urlaubandernordsee.de*

BÜSUM

(126 B2) (*ⲙ D10*) **Strandräuber sollen die Vorfahren gewesen sein – im 15. Jh., als Büsum noch eine Insel war. Mit dem Festland zusammengewachsen, ist ihren Nachfahren zumindest der Sinn fürs Geschäft geblieben.**

In der Fußgängerzone drängen sich Kneipen, Diskotheken, Eisbuden, Boutiquen und Souvenirläden. Während der Sommermonate gleicht Büsum (5000 Ew.) einem Jahrmarkt. Gäste schieben sich durch die Gassen. Der 3,5 km lange grüne Strand ist übersät mit 3000 bunten

Strandkörben. Von der Beschaulichkeit des ältesten Seebads Dithmarschens (seit 1837) keine Spur. Da bei Ebbe das Baden in Büsum unmöglich ist, nehmen die meist älteren Gäste dann mit einem Fußbad im Watt vorlieb. Die Jungen treffen sich in der *Perlebucht,* einer aufgeschütteten Sandbank mit Badesee.

SEHENSWERTES

KUTTERHAFEN ⭐

Zwar führen mehr Fischkutter das „FRI" für Friedrichskoog als Heimathafen, dennoch liegen im Hafen von Büsum die meisten der knuffigen Kutter – er ist etwas näher dran an den Fanggründen, das spart Schiffsdiesel. Auch andere Fischereifahrzeuge, z. B. aus Husum und dem niedersächsischen Greetsiel, gibt's hier zu sehen, und nirgendwo können Sie **INSIDER TIPP** Krabben frischer kaufen. Unter dem rot-weißen Sockel des nicht besonders hohen (25 m) Leuchtturms liegen schmucke Segler und Ewer im Museumshafen.

INSIDER TIPP MUSEUM AM MEER

Hier kann jeder mal Krabbenkapitän sein, das Ruder in die Hand nehmen und alles über den harten Alltag der Küstenfischer erfahren. *Di–Fr, So 11–17, Sa 13–17 Uhr (bei Vollmond auch 20–22 Uhr) | Eintritt 2,50 Euro | Am Fischereihafen 19 | www. museum-am-meer.de*

STURMFLUTENWELT BLANKER HANS ●

Erlebniscenter zum Thema Sturmflut und Klimawandel mit virtueller Zeitreise in das Jahr der Flutkatastrophe 1962 und interaktivem Bereich. Zeitzeugenberichte und Filme dokumentieren die Gewalt des „Blanken Hans". Mit Restaurant. *März– Okt tgl. 10–18 Uhr, sonst n. V. | Eintritt 10 Euro | Dr.-Martin-Bahr-Straße direkt an der B 203 | www.blanker-hans.de*

In Büsum spielt sich das Strandleben auf Gras statt auf Sand ab

BÜSUM

ESSEN & TRINKEN

ZUR ALTEN POST
Traditionslokal mit hervorragender regionaler Küche. Spezialitäten sind Nordseefisch, Krabben und Muscheln. Man isst in einer Original-Bauernstube oder draußen. *Tgl. | Hafenstr. 2 | Tel. 04834 9 51 00 | www.zur-alten-post-bue sum.de | €€*

KOLLES ALTER MUSCHELSAAL
Galionsfiguren und Schiffsmodelle an Decke und Wänden schauen auf Schollen, Muscheln, Aale und Austern herab, die – großzügig portioniert – auf den Tellern liegen. *Tgl. | Hafenstr. 27 | Tel. 04834 24 40 | www.kolles-alter-muschelsaal.de | €€ – €€€*

NEPTUN
Abseits des Touristentrubels können Sie hier kleine kulinarische Entdeckungen machen: hausgemachte Nudeln z. B., allerbesten Salat oder tolles Sauerfleisch. *Mo geschl. | Alleestr. 2 | Tel. 0434 9 35 47 | www.restaurant-neptun-buesum.de | €€*

EINKAUFEN

INSIDER TIPP ▶ NORDSEE-KAFFEE-RÖSTEREI
Es duftet nach Kaffee: In diesem Laden können Sie beim Rösten der Bohnen zuschauen. Neben sortenreinem und „geblendetem" Kaffee auch im Angebot: Confiserie, Gebäck aus eigener Herstellung u. v. m. *Mo geschl. | Fischerkai 2 | www.dithmarscher-kaffee roesterei.de*

FREIZEIT & SPORT

VITAMARIS ●
Wem die Nordsee nicht genug ist, der kann sich hier einer Unmenge von An-wendungen für sein Wohlbefinden unterziehen – Bäder, Massagen, Inhalationen ... *Südstrand 5 | Tel. 04834 90 91 24 | www.vitamaris-buesum.de*

AM ABEND

BIERSALON
Pubatmosphäre, englisches Bier vom Fass. Auch Glücksspieltempel, Tanzdiele und Internetpoint. *Alleestr. 36 | www.biersalon.de*

OCTOPUS
Hier trifft sich das junge Büsum, auch Einheimische, bei Pizza und Pasta, Wein und Bier. *Bahnhofsstr. 25a | www.octopus-buesum.de*

ÜBERNACHTEN

BOARDINGHOUSE
Seit 2009 gibt es dieses moderne Haus in Hafennähe mit drei modern eingerichteten Apartments, unten mit Garten-, oben mit Dachterrasse und Blick über den Deich. *Johannsenallee 4 | Tel. 04834 25 98 | www.boardinghouse-bue sum.de | € – €€*

HOTEL FRIESENHOF
4-Sterne-Hotel direkt hinter dem Deich. Die meisten Zimmer mit Meerblick. 2 Restaurants, Gartenterrasse, Schwimmbad, Sauna, Fitness. *44 Zi., 1 Suite | Nordseestr. 66 | Tel. 04834 95 51 20 | www.friesenhof-buesum.de | €€€*

INSEL BÜSUM
Zwei Häuser, ein Betreiber, und zwar ein engagierter! Moderne, aber gemütliche Zimmer, teilweise mit Balkon. Im Wiesengrund *(Stinteck 16)* gibt's auch ein gutes Restaurant. *18 Zi./Apt. | Große Tiefe 32 | Tel. 04834 96 23 00 | www.nordsee-wiesengrund.de | €€€*

KURVERWALTUNG BÜSUM
Südstrand 11 | 25761 Büsum | Tel. 04834 90 90 | www.buesum.de

FRIEDRICHS-KOOG

(126 B4) (∅ D11) Zwei Möglichkeiten bietet Friedrichskoog (2400 Ew.): frischen Fisch – im idyllischen Hafen direkt vom Kutter – und grünen Strand.

Friedrichskoog-Spitze heißt das 5 km vom Hafen entfernte Strandbad. Der sogenannte Strand ist eigentlich eine grüne Wiese, bei Ebbe ist das Wasser weit. In dem noch jungen Seebad wurden in den letzten Jahren Apartments und eine Ladenzeile gebaut. Diese Ferienanlage hat – bis auf das gemütliche Restaurant-Café *Zur Spitze (€ – €€)* – wenig Charmantes. Doch da die Kutterflotte schrumpft, setzt man auf den Tourismus.

SEHENSWERTES

KUTTERHAFEN
Ist der Hafen voll, liegen hier mehr als 30 Kutter. Wer das Ein- und Auslaufen der Kutter und das Anlanden des Fangs erleben will, sollte vorher in den Gezeitenkalender gucken. Die Kutter kommen und gehen bei Hochwasser. In den Sommermonaten finden hier regelmäßig **INSIDER TIPP** ▶ Fischmärkte statt.

SEEHUNDSTATION FRIEDRICHSKOOG ★ ● ☺
Hier werden Heuler – junge Seehunde –, die mutterlos gefunden wurden, aufgepäppelt, bis sie sich selbst ernähren können – dann werden sie in die Freiheit entlassen. Besucher können sich in der Station über das Leben der Robben und Wale informieren, Seehunde und Kegelrobben bei der Fütterung beobachten, Felle und Knochen anfassen und sich die Rufe der Heuler anhören. Neu ist die Erlebnisausstellung „Robben der Welt". *März–Okt. tgl. 9–18 Uhr, Fütterung 10.30, 14, 17.30 Uhr; Nov.–Feb. tgl. 10–16 Uhr, Fütterung 10.30 u. 14 Uhr | Eintritt 5 Euro |*

Dieser Seehund ist eine Kegelrobbe

An der Schleuse 4 | Tel. 04854 13 72 | www. seehundstation-friedrichskoog.de

ESSEN & TRINKEN

FISCHHAUS STÜHRK
In der Fischbratküche oder auf der Bank davor gibt es alles, was die Kutter angelandet haben: kalt auf Brötchen, gebraten, gekocht, geräuchert. *Tgl. | am Hafen | Tel. 04854 2 17 | www.stuehrk.de | €*

EINKAUFEN

URTHEL
Die Familie betreibt einen eigenen Kutter – entsprechend frisch sind Räucherfisch und Krabben, die Sie hier kaufen

Diese begehbare Gondel ist eine der Attraktionen im Windenergiepark Westküste

können. Mit Restaurant *(Mo geschl. | € – €€). Hafenstr. 71 | www.urthel.de*

FREIZEIT & SPORT

FONTAMAR
Kur- und Wellnesszentrum mit Meerwasserthermalbad (32 Grad warme Sole), Whirlpool, Wasserfall, Dampfbad. *Kurzentrum: Mo–Fr 8–18, Sa 9–13 Uhr, So n. V., Bad: Mo, Mi, Fr 10–20, Di, Sa, So 10–16, Do 10–17 Uhr | Eintritt 5 Euro | Schulstraße-West 14 | www.fontamar.de*

AM ABEND

HOCHZEITSMÜHLE VERGISSMEINNICHT
Windmühle von 1860, Veranstaltungsort für Konzerte und Lesungen *(Info-Tel. 04854 15 06).* Und ein außergewöhnlicher Ort, um sich das Jawort zu geben. *Koogstr. 90 | www.hochzeitsmuehle.de*

AUSKUNFT

TOURISMUS-SERVICE FRIEDRICHSKOOG
Koogstr. 141 | 25718 Friedrichskoog | Tel. 04854 90 49 40 | www.friedrichskoog.de

ZIEL IN DER UMGEBUNG

WINDENERGIEPARK WESTKÜSTE ★ ●
☺ (126 B4) *(ᗕ D11)*
Wie wird Wind zu Strom? Wie funktionieren die gigantischen Windmühlen? Im *Informationszentrum Kaiser-Wilhelm-Koog* des ersten deutschen Windparks, der in einem der windreichsten Gebiete Deutschlands 8 km südlich von Friedrichskoog errichtet wurde, gibt es Antworten anhand von Videovorführungen und anschaulichen Modellen. *April–Sept. tgl. 10–17 Uhr | Eintritt frei | Kaiser-Wilhelm-Koog | Info-Tel. 04856 5 19*

HEIDE

(126–127 C–D 1–2) (🗺 E9) **Urzelle der Dithmarscher Kreisstadt ist der Marktplatz, mit einer Fläche von mehr als 4 ha der größte in Deutschland.**

Das Areal wurde im 15. Jh. für politische Versammlungen mitten „in der Heyde" abgesteckt. Zu dieser Zeit setzte sich Heide (20 800 Ew.) als politisches Zentrum gegenüber Meldorf durch.

Parken Sie auf dem Markt, und bummeln Sie durch *Süder- und Friedrichstraße* (Einkaufs- und Fußgängerzone) in den Altstadtteil Lüttenheid, dann wandeln Sie auf den Spuren der Familie Brahms und des Dichters Klaus Groth.

SEHENSWERTES

BRAHMSHAUS

Hier wurde Johann Jacob Brahms, der Vater des berühmten Komponisten, geboren. Die Ausstellung „Johannes Brahms – Norddeutsche Wurzeln und Bindungen" gibt einen Einblick in das Leben der Familie. *April–Okt. Di, Do, Fr 14.30–16.30, Sa 10.30–12.30, Juni–Sept. auch Di, Do, Fr 10.30–12.30 Uhr | Eintritt 2 Euro | Lüttenheid 34 | www.brahms-sh.de*

MUSEUMSINSEL LÜTTENHEID

Gleich zwei Museen liegen in der Altstadt fußläufig beieinander. *Di–Do, So 11.30–17, Fr 11.30–14, Sa 14–17 Uhr | Eintritt 2,50 Euro | Lüttenheid 40*

Das *Klaus-Groth-Museum* ist das Geburtshaus des Dichters, der die plattdeutsche Sprache literaturwürdig werden ließ, hier verlebte er seine Kindheit und Jugend. Die Räume samt Einrichtung im Giebelhaus, erbaut 1796, sind im ursprünglichen Zustand belassen worden.

Im *Heider Heimatmuseum* befindet sich eine Sammlung zur Stadtgeschichte sowie zur Vor- und Frühgeschichte Dithmarschens, ergänzt um eine Schau zum historischen Handwerk.

ST.-JÜRGEN-KIRCHE

Die Grundmauern stammen aus dem 15. Jh. Nach einem Brand 1559 wurde das Kirchenschiff erneuert, Ende des 17. Jhs. nochmals erweitert. Im Inneren entspricht St. Jürgen eher einer be-

SEEHUNDE

Seehunde sind die tierische Attraktion im Wattenmeer. Der runde Kopf, die dunklen Knopfaugen, solch ein Wesen möchte Mensch schon mal aus der Nähe sehen. Und genau das kann den Tieren zum Verhängnis werden. Die Sandbänke sind die Refugien der Seehunde, hier wollen sie ihre Ruhe haben – besonders im Sommer. In diese Zeit fallen Geburt und Aufzucht der Jungen, Haarwechsel und Paarung. Aufgescheucht – durch Lärm oder von neugierigen Touristen – leiden die Tiere unter Stress und werden dadurch anfälliger für Infektionskrankheiten. Verwaist ein Jungtier, weil die Mutter gestört wurde oder die Strömung Mutter und Kind getrennt hat, reagiert es nahezu menschlich: Es heult. Entdecken Sie einen Heuler, berühren Sie ihn auf keinen Fall, die Mutter würde ihr Junges nie wieder annehmen. Am besten, Sie informieren die Seehundstation *(Tel. 04854 13 72)* oder die Polizei.

scheidenen Dorfkirche, glänzt jedoch mit einem prunkvollen Barockaltar und einem sehenswerten Altarbild von 1515. *Marktplatz*

ESSEN & TRINKEN

INSIDER TIPP ▶ CAFÉ IM ALTEN PASTORAT

Draußen sitzen, gemütlich frühstücken oder am Nachmittag Kuchen und Torten aus eigener Herstellung schlemmen. *So geschl. | Markt 28 | Tel. 0481 4 21 42 48 | €*

AM WASSERTURM

Seit 2010 besteht das Café-Restaurant im Bistrostil zu Füßen des alten Wasserturms. Moderne, saisonal betonte Küche, schlichtes Interieur sowie Wintergarten und Terrasse. *Tgl. | Brahmsstr. 1–3 | Tel. 0481 8 28 63 00 | www.am-wasserturmheide.de | €€*

EINKAUFEN

Jeden Samstag besuchenswerter *Bauernmarkt* auf dem Marktplatz mit großem Angebot an regionalen Erzeugnissen.

AM ABEND

L1-LOUNGE

Zur Partytime ein perfekter Ort zum Feiern, an anderen Tagen perfekt, um bei Wein, Snacks und Cocktails zu chillen. *So geschl. | Schuhmacherort 26 | Tel. 0481 4 21 39 99 | www.l1-hei.de*

ÜBERNACHTEN

RINGHOTEL HEIDE

Hotel im Landhausstil. Idyllisch gelegen mit Blick auf Pferdekoppeln. Beauty- und Wellnessabteilung, Restaurant *Österegg.*

Dörfliche Kirche mit interessantem Stilmix: St. Jürgen in Heide

70 Zi. | Österstr. 18 | Tel. 0481 8 54 50 |
www.ringhotel-heide.com | €€€

AUSKUNFT

TOURIST-INFO HEIDE RUNDUM
Markt 28 | 25746 Heide | Tel. 0481
2 12 21 60 | www.heide.de

ZIELE IN DER UMGEBUNG

ALBERSDORF (127 E2) (*ØÙ F9–10*)

Dieses ehemalige Kurbad (3400 Ew.),
13 km südöstlich von Heide, lockt mit
Wäldern und archäologischen Fundstü-
cken. Zu sehen im „AÖZA" am südlichen
Ortsrand: Das *Archäologisch-Ökologische
Zentrum Albersdorf* ist ein „Naturerleb-
nisraum" mit Wanderwegen, einem
Steinzeitpark und einem rekonstruierten
Steinzeitdorf *(April–Okt. Di–Sa 11–17, So
14–17 Uhr | Eintritt 2,50 Euro | www.neues.
aoeza.de)*. Fundstücke aus der Eisen-
und Bronzezeit gibt es im *Museum für
Archäologie und Ökologie Dithmarschen*
zu sehen *(Di–Fr 10.30–17, So 11–17 Uhr |
Eintritt 2 Euro | Bahnhofstr. 29 | www.
museum-albersdorf.de)*.

HEMMINGSTEDT (126 C2) (*ØÙ E10*)

Hier, 5 km südlich von Heide, erinnert
eine historische Förderpumpe, auch
Pferdekopf genannt, an das Jahr 1856,
als ein Bauer beim Brunnengraben auf
schwarzes Gold stieß. Die Ölförderpum-
pe war bis 1989 in Betrieb; bis zur Still-
legung des Ölfelds Heide 1991 wurden
hier insgesamt 2,5 Mio. t Erdöl gefördert. Heute bekommt die *Raffinerie* in
Hemmingstedt (2900 Ew.) das Öl per
Pipeline aus Brunsbüttel.
Der Denkmal-Findling auf der *Dusenddüwelswarf* (B 5 Richtung Meldorf; der
Ausschilderung folgen) ist Symbol für
den historischen Sieg der Dithmarscher
über die Dänen am 17. Feb. 1500.

Lundener Geschlechterfriedhof:
Geschichten auf Grabsteinen

LUNDEN (125 D4) (*ØÙ E8*)

In diesem ansonsten ziemlich trostlosen
Ort (1600 Ew.), 17 km nördlich von Heide,
erzählt der sogenannte **INSIDER TIPP** *Geschlechterfriedhof* die Geschichte Dithmarschens. Unter den liegenden Sand-
stein-Gruftplatten ruhen die Vorfahren
der mächtigen und einflussreichen
Bauerngeschlechter. Aufrecht steht der
Stein von Peter Swyn (1480–1537). Er
kämpfte siegreich in der Schlacht von
Hemmingstedt, warb für die Abschaf-
fung der Blutrache und wurde deshalb
von einem rivalisierenden Dithmarscher
Geschlecht ermordet. Der Grabstein zeigt
die Mordszene.
Im *NaTour Centrum Lunden* erfahren
die Besucher im „Moor-Raum" allerlei über die Tier- und Pflanzenwelt der
Umgebung. Draußen kann man im
Bauerngarten zwischen Blumen- und
Kräuterbeeten flanieren oder auf einem
Rundkurs in der Nähe u. a. den „Moor-
lilienwald" erkunden. *Do 14–17 Uhr und
n. V., Mai–Aug. auch Di, Mi, Sa | Eintritt
3 Euro | Wilhelmstr. 18 | Tel. 04882 55 45 |
www.natourcentrum-lunden.de*

WESSELBUREN (124 C6) (🗺 D9)

10 km in Richtung Eidersperrwerk liegt der Geburtsort (3000 Ew.) von Friedrich Hebbel (1813–63). In dem Haus, in dem der junge Hebbel einst als Laufbursche und Schreiber des Kirchspielvogts diente, befindet sich heute das *Hebbelmuseum*, wo Besucher alles über Leben und Werk des Dramatikers erfahren. *Mai–Okt. Di–Do 10–12 u. 14–17, Fr–So 10–12 u. 15–17 oder n. V., Nov.–April Di, Do 14–17 Uhr | Eintritt 2 Euro | Österstr. 6 | Tel. 04833 4190 | www.hebbel-museum.de*

Im *Kohlosseum* dreht sich alles um Dithmarschens Hauptexportartikel. Kohlmuseum, Café, Bauernmarkt *(Mo–Fr 9–17, Sa 9–13 Uhr)* und 😊 INSIDER TIPP▶ Krautwerkstatt, in der Sie zuschauen können, was man außer Sauerkraut noch alles aus Biokohl machen kann. *Museum u. Krautwerkstatt: Di–Do 14–17 Uhr | Bahnhofstr. 22 a | Eintritt Krautwerkstatt 1,50 Euro | www.kohlosseum.de*

MELDORF

(126 C3) (🗺 E10) **Das grün oxydierte Kupferdach und der Turm überragen alles in der Marschlandschaft.**

Die Meldorfer Kirche – aufgrund ihrer Größe auch Dom genannt, obwohl es hier nie einen Bischof gab – gilt als der bedeutendste gotische Kirchenbau zwischen Hamburg und dem dänischen Ribe. Am Fuß des Doms ist das Flair der einstigen und einzigen mittelalterlichen Stadt Dithmarschens noch zu spüren.

Mussten die Meldorfer im Lauf der Geschichte zunehmend Macht und Einfluss an die heutige Kreisstadt Heide abgeben, so sind sie heute froh, denn sie wissen: Durch den Machtverlust ist Meldorf (7400 Ew.) einer Sanierung mit der Abrissbirne entgangen. Pläne dafür gab es.

SEHENSWERTES

DITHMARSCHER LANDESMUSEUM

So war das damals! Originalgetreu eingerichtete Räume von den 1870er- bis zu den 1960er-Jahren lassen die alten Zeiten wieder aufleben: Ein Postamt, den Bahnhof, die Schule, einen Friseursalon, den Kaufladen, das Kino, eine Zahnarztpraxis, ja sogar einen Operationssaal gibt es hier zu sehen. *Ostern–Okt. Mo–Fr 10–16.30, Sa, So 11–16, Nov.–Ostern Di–Fr 10–16, So 11–16 Uhr | Eintritt 3 Euro | Bütjestr. 2–4 | www.landesmuseum-dithmarschen.de*

MELDORFER DOM ⭐

Die St.-Johannis-Kirche wurde zwischen 1250 und 1300 erbaut. Bereits ab dem

9. Jh. standen an gleicher Stelle Kirchen, von denen die Mission Dithmarschens und der Westküste ausging. Im 19. Jh. erhielt der „Dom" einen neuen, 59 m hohen Turm, und die Außenfassade wurde neugotisch aufgemauert. Innen ist die Gotik echt. Gewaltige Kuppeln, so hoch und breit wie die des Ratzeburger Doms, überspannen den Innenraum der dreischiffigen Backsteinbasilika. Die mit-

Dithmarscher Sauerkrautfabrik. Zum Vergleich: ein komplett eingerichtetes Dithmarscher Bauernhaus des 17./18. Jhs. mit Stube, Küche, Stall und Milchkeller – eine Zeit, als Landarbeit überwiegend Handarbeit war. Zum Ensemble gehört auch das Café-Bistro *Neue Holländerei (Mo geschl. | €)* Ostern–Okt. Mo–Fr 9–17, Sa, So 11–17, Nov.–Ostern Di–Fr 9–17, So 11–17 Uhr | Eintritt

Einmal waschen und legen, bitte! 50er-Jahre-Friseursalon im Dithmarscher Landesmuseum

telalterlichen Gewölbemalereien mit Motiven aus der Schöpfungsgeschichte wurden aufwendig restauriert. St. Johannis wird auch für INSIDER TIPP ▶ Konzerte klassischer Musik und für Lesungen genutzt. *Mo–Fr 10–12 u. 14–16.30, Sa 10–12 Uhr | sonn- u. feiertags Gottesdienst 10 Uhr | www.kirche-meldorf.de*

SCHLESWIG-HOLSTEINISCHES LANDWIRTSCHAFTSMUSEUM
Landleben während der Industrialisierung: Mähdrescher, Traktoren, eine

4,50 Euro | Jungfernstieg 4 | www.land wirtschaftsmuseum-schleswig-holstein.de

ESSEN & TRINKEN

BRASSERIE & RESTAURANT V
Mobiliar und Speisekarte bieten eine Mischung aus französischem Bistro und italienischem Restaurant. Auch heimische Spezialitäten. Gute Weine und günstiger, abwechslungsreicher Mittagstisch. *Tgl. | Klosterstr. 4 | Tel. 04832 60 14 80 | www. restaurant-v.de | €€ – €€€*

DOM CAFÉ

Gemütliches Café mit Gemälden, Grafiken und Aquarellen von Künstlern aus der Umgebung. Kaffeespezialitäten, über 20 Teesorten, köstliche Kuchen und Torten aus eigener Herstellung; auch Mittagstisch. *Tgl. | Südermarkt 4 | Tel. 04832 34 44 | www.domcafemeldorf.de | €*

LANDHAUS GARDELS ⏱

Die saisonal geprägte Küche von Marc Schlürscheid ist weit über die Landesgrenzen hinaus bekannt. Als Mitglied im Verband „Feinheimisch", der sich der Förderung regionaler Produkte verschrieben hat, offeriert der Küchenchef Spezialitäten wie Stubenküken mit süßsauren Steckrüben. 12 km südlich, in St. Michelisdonn (120 C4). Auch komfortables Hotel mit 50 Zimmern (€€€). *Tgl. | Westerstr. 15–19 | Tel. 04853 80 30 | www.gardels.de | €€€*

EINKAUFEN

INSIDER TIPP ▶ DOMGOLDSCHMIEDE

Traditionsreiche Gold- und Silberschmiede mit sehenswerter Mineraliensammlung. Fachmännische Beratung und exklusive Sonderanfertigungen. *Mo–Fr 9–12 u. 14–18, Sa 9–12 Uhr | Nordermarkt 9 | www.domgoldschmiede.de*

HANDWEBEREI

Gardinen, Kissen, Läufer, Kostüme aus Baumwolle, Kammgarn oder Schurwolle handgewebt nach Ihren Wünschen. *Mo–Do 8–16, Fr 8–13 Uhr | Papenstr. 2*

INSIDER TIPP ▶ PERSPEKTIVE MELDORF

Hier werden Strandkörbe für Balkon oder Terrasse gefertigt. Kostenpunkt: ab 1000 Euro. Es werden auch Werkstattführungen angeboten. *Papenstr. 2 | Tel. 04832 99 96 60 | www.stiftung-mensch.com*

BÜCHER & FILME

▶ **Sturmtief, Der Inselkönig, Tod am Kanal** – Drei Titel aus der Reihe „Hinterm-Deich-Krimis" von Hannes Nygaard mit Charakteren und Schauplätzen der Küste.

▶ **Deutschstunde** – Der Roman von Siegfried Lenz ist Gesellschaftskritik und zugleich eine Liebeserklärung an die Nordseeküste. Verfilmt 1971 von Peter Beauvais für die ARD und seit 2008 als Teil der „Siegfried-Lenz-Box" als DVD erhältlich.

▶ **Weltnaturerbe Wattenmeer – Die Nordsee von oben** – zeigt Peter Hamel mit fantastischen Fotos (Text: Christine Kröger). Einfach wunderschön.

▶ **meerkampf.watt?!** – Liebevoll-lustiger Dokumentarfilm mit Tiefgang über die kultige Wattolümpiade in Brunsbüttel und ihren Initiator Jens Rusch von Frank D. Müller (2009).

▶ **Die Schimmelreiter** – Nein, dieser Film (2008) von Lars Jessen hat wenig mit Theodor Storm zu tun. Es geht um zwei Typen (Peter Jordan und Axel Prahl), die nur eines wollen: fort in die Stadt. Oder vielleicht doch nicht?

▶ **Full Metal Village** – Was Wackens Feuerwehrkapelle mit den Scorpions zu tun hat, zeigt Sung-Hyung Cho in ihrer mehrfach preisgekrönten Dokumentation über das W:O:A (2007).

FREIZEIT & SPORT

RADAUSFLÜGE

Mit dem Rad durch Dithmarschen zum Eidersperrwerk. *April–Okt. Di 10 Uhr, Anmeldung und Treffpunkt: Tourist und Service Center*

STADTFÜHRUNGEN

Amtliches und Anekdoten erzählen die Stadtführer während eines Rundgangs (1,5 Stunden) durch die Stadt. *Mai–Okt. Di 14.30 Uhr, Treffpunkt: Tourist und Service Center*

AM ABEND

INSIDER TIPP BORNHOLDT

Musik, Kunst, Kabarett – eine Kulturkneipe im besten Wortsinn, denn Bier, Wein und Snacks (z.B. tolle Pizza) gibt's hier auch. *Mo–Sa ab 18 Uhr | Zingelstr. 14 | Tel. 04832 7907 | www.meldorf-bornholdt.com*

ÜBERNACHTEN

HOTEL ZUR LINDE ●

Behagliches Hotel mit bekannt guter Küche, vor allem Fisch und Spezialitäten wie dem „original Dithmarscher Mehlbeutel". *17 Zi. | Südermarkt 1 | Tel. 04832 95950 | www.linde-meldorf.de | €€*

AUSKUNFT

TOURIST UND SERVICE CENTER

Nordermarkt 10 | 25704 Meldorf | Tel. 04832 97800 | www.meldorf-tourismus.de

ZIEL IN DER UMGEBUNG

BURG (127 D4) (*ω F11*)

Auf dem Geestrücken liegt der Luftkurort Burg (4200 Ew.), 19 km südlich von Meldorf, ganz nah am Nord-Ostsee-Kanal (Kanalfährenanleger „Burg"). Vom 21 m hohen ☀ Aussichtsturm des *Waldmuseums (siehe S. 109)* hat man einen fantastischen Ausblick über Dithmarschen bis zur Elbmündung. Das beheizte *Freibad (Mai–Sept. | Eintritt 3,30 Euro)* liegt besonders schön zu Füßen des Burger Walds.

Am Nord-Ostsee-Kanal kommt man Schiffen zum Greifen nah

Attraktion des *Burger Heimatmuseums* ist neben einer Zahnarztpraxis und einem Kolonialwarenladen eine vollständig erhaltene INSIDER TIPP Landapotheke aus dem Jahr 1839 *(Mai–Okt. Di, Fr–So 14.30–16.30 Uhr | Eintritt 2,50 Euro | Große Mühlenstr. 6).* Im Sommer werden auf der Burger Au Fahrten mit Spreewaldkähnen angeboten. Infos: *Touristikbüro Burg | Holzmarkt 7 | Tel. 04825 930518 | www.burg-dithmarschen.de*

VOR DEM DEICH

Das Wasser ist fort. Bis zum Horizont Matsch, gewellt, gerippt, hier und da ein Rinnsal. Die Ebene scheint endlos, glitzert in Grau- und Brauntönen. Am Himmel kreischen Möwen, Austernfischer trippeln durch Pfützen, stochern mit dem Schnabel in den Wasserlachen. Es herrscht Ebbe. Die Nordsee hat sich kilometerweit zurückgezogen; geblieben ist das Wattenmeer.

Doch was ist das Watt eigentlich? Handelt es sich dabei um Meeresboden oder zeitweise überspültes Land? Experten erklären es so: Watt ist das Übergangsgebiet vom festen Land zum Meer, das bei Flut überströmt wird und bei Ebbe „trockenfällt". Bis zu 20 km breit und 450 km lang erstreckt sich diese einzigartige Landschaft entlang der Nordseeküste, von den Niederlanden bis hinauf nach Dänemark.

1985 wurde das Nationalparkgesetz verabschiedet, das das gesamte schleswig-holsteinische Wattenmeer unter Schutz stellt. Ein Jahr später wurde der Nationalpark Niedersächsisches Wattenmeer eingerichtet, 1990 folgte dann Hamburg mit seinem Teil des Wattenmeers. Diese Schutzmaßnahme war dringend notwendig, denn was die Nordsee alle sechs Stunden freilegt und dann wieder überflutet, ist ein empfindliches, einzigartiges Ökosystem. Je nach Beschaffenheit des Bodens leben hier bis zu 10 000 Tiere auf einem Quadratmeter; Tiere, die sich dem ständigen Wechsel von Wasser und Luft anpassen müssen. Zudem ist das Wattenmeer Laichplatz und Kinderstube

Bild: Wattwanderung bei Westerhever

Vielfältiges Leben: Wenn das Wasser verschwindet, dann kommt das Wunder Watt zum Vorschein

vieler Fischarten und Nahrungslieferant für zahlreiche Vögel.

Diese artenreiche Welt wird von Industrie und Landwirtschaft, aber auch von Urlaubern bedroht. Deshalb ist ein Großteil der Nationalparks für Touristen tabu. Dennoch dürfen Unkundige, für die die Nordsee ohne Wasser nur „Matsch" ist, diese Welt entdecken – ja, sie sollen verstehen, warum das Wattenmeer kostbar ist. Das ist das Anliegen der Mitarbeiter zahlreicher Informationszentren entlang der Nordseeküste. Hier bekommen Watt-entdecker Informationen, wo sie sich Pflanzen und Tieren jenseits des Deichs nähern dürfen, wie sie sich verhalten sollen und was unter ihren Füßen lebt, während sie sich in den „Matsch" wagen – was im Rahmen einer kundigen Führung am interessantesten ist.

ZWISCHEN DEICH UND WATT

GESALZENE PFLANZEN

Auf den ersten Blick ist vor dem Deich alles gleich – schlichtes Grün bis zum

Schlick. Grasen auf den Wiesen Schafe, mag dieser Eindruck stimmen. Denn wo Böcke, Schafe und Lämmer das Gras kurz halten, haben empfindliche Pflanzen kaum eine Chance. Durch Vertritt und Verbiss – so nennt es der Fachmann – wird die Flora der Salzwiesen eintönig. Um die Vielfalt zu erhalten, dürfen Scha-

nicht anders als beim Menschen: Salz ist lebensnotwendig, zu viel Salz schadet. Bei allen Pflanzen vor dem Deich hat es die Natur so eingerichtet, dass das überschüssige Salz neutralisiert wird oder Blätter mit gespeichertem Salz abfallen. Der Pionier auf der Salzwiese ist der Queller; diese fleischige Pflanze keimt

Charakterpflanze der Küste: Auf den Salzwiesen blüht von Juli bis Oktober die Strandaster

fe an der Nordseeküste nur noch auf etwa der Hälfte der Salzwiesen weiden. Mit den kurz gehaltenen und festgetretenen Grassoden dieser Wiesen werden schadhafte Deichflächen ausgebessert. Lässt man die Salzwiese „ins Kraut schießen", blühen dort unter anderem die Strandaster, die Strandkamille, der Andel oder Strandwermut, die hübsche rosa Strandnelke, der rosa-violette Strandflieder und das Englische Löffelkraut (schön zu sehen in den Sommermonaten entlang des *Naturlehrpfads* in *Schobüll,* im *Katinger Watt,* im *Westerhever-Vorland* und auf dem Weg zur *Hamburger Hallig).* All diese Pflanzen werden mehrmals im Jahr „gesalzen": vom Nordseewasser überflutet. Nun ist es bei den Pflanzen

sogar, wenn sie reichlich gesalzen wird. Und so steht sie an vorderster Front der Salzwiese – 30 cm unter der mittleren Hochwasserlinie (Pionierzone) wurzelt und wächst sie sogar im Schlick. Wird der Queller im Jahr zirka 700-mal überflutet, wird die sogenannte untere Salzwiese (sie liegt 25 cm über der mittleren Hochwasserlinie) mit Andel und Strandaster 200-mal und die obere Salzwiese (50 cm über dieser Linie) mit Strandflieder und Löffelkraut nur 50-mal von der Flut heimgesucht. Es mag verlockend sein, durch dieses Bunt von Blüten zu spazieren, doch bleiben Sie auf den Wegen und erleben Sie die Vielfalt der empfindlichen Flora entlang der ausgeschilderten *Naturlehrpfade.*

RASTPLATZ FÜR LANGSTRECKENFLIEGER

Sie überwintern im Süden, machen sich dann im Frühjahr auf den Weg zu ihren Brutgebieten hoch im Norden; sie fliegen Tausende Kilometer über Kontinente und rasten – auf dem Globus winzig – im Wattenmeer zwischen Esbjerg in Dänemark und Den Helder in den Niederlanden.

Ein eiliger Gast im Watt ist der Knutt. Dieser kleine Langstreckenflieger landet im Mai an der Nordseeküste. Hinter ihm liegt dann eine Flugstrecke von 11 000 km! Gestartet an der südafrikanischen Atlantikküste, flog er drei Tage nonstop 7000 km, landete in Mauretanien, stärkte sich, startete Richtung französische Atlantikküste, gönnte sich hier eine Woche Pause, flog die restlichen 1000 km an einem Tag und landete schließlich im Watt.

Hier trippelt er über den Schlick und frisst und frisst, nimmt pro Tag 4 g zu. Nach drei Wochen hat der Knutt genug. Gestärkt startet er Anfang Juni Richtung Sibirien. Vor ihm liegen 4300 km. Die absolviert er locker in zwei Tagen. Hoch im Norden heißt es nisten und brüten. Sind die Jungen nach drei Wochen geschlüpft, starten die Eltern bereits wieder Richtung Süden. Und im August frisst der Knutt wieder im Watt, für ein paar Tage … Weniger eilig haben es die Nonnen- oder Weißwangengänse. Sie rasten während ihres Zugs zwischen Winterquartier und Brutgebiet mehrere Monate im Wattenmeer. Zu sehen sind die Gänse mit dem schwarz-weiß gezeichneten Kopf u. a. im *Beltringharder* und im *Hauke-Haien-Koog,* im *Westerhever-Vorland* und auf den Salzwiesen der *Hamburger Hallig.* Sind sie bei ihrer Ankunft im März recht schlank, haben sie sich bis zur Weiterreise Ende April ein stattliches Hinterteil angefressen – genug „Treibstoff" für ihren Flug in die russische Arktis, wo sie brüten.

Auf ihrem Rückzug gen Süden Anfang Oktober landen sie wieder: Zwischenstation Wattenmeer. Einige bleiben den Winter über hier; die meisten ziehen weiter.

Ein treuer Gast im Wattenmeer ist auch die Ringelgans. War sie in den 1950er-Jahren noch vom Aussterben bedroht, ist ihr Bestand mittlerweile erfreulich gewachsen und die Art gerettet. Landen Scharen von Gänsen zum Rasten auf den Halligweiden – jedes Frühjahr und jeden Herbst es um die 50 000 Tiere –, hinterlassen sie einen derartigen Kahlschlag, dass der Staat den Bauern eine Entschädigung zahlt.

DAS WATT

MILLIONEN VÖGEL

Fällt das Watt trocken, bietet sich vielen Vögeln ein gefundenes Fressen. Wobei sie hier nicht lange suchen müssen; es gibt reichlich Nahrung: Sandhüpfer und Schlickkrebse, von denen es auf und unter der Oberfläche nur so wimmelt, dazu Muscheln, zurückgebliebene Garnelen

⭐ **Wattführungen**
Was unter den Füßen krabbelt, erforschen, ganz viel frische Luft atmen und die unendliche Weite genießen – am besten unter fachkundiger Führung → S. 92

⭐ **Hamburger Hallig**
Ehemals ein Teil der Insel Strand, heute eine Hallig mit Festlandanschluss → S. 93

⭐ **Katinger Watt**
Ein Watt mit Wald und Wiese, Aussichtsturm und Naturzentrum sowie vielen Vögeln → S. 94

MARCO POLO HIGHLIGHTS

Der Austernfischer wird auch „Halligstorch" genannt

und Strandkrabben, aber auch die unterirdisch lebenden Wattwürmer.

Tausende von Vögeln kommen ins schleswig-holsteinische Wattenmeer zum Balzen, Brüten, Mausern. Die Gesamtzahl der Brutvögel wird auf etwa 200 000 geschätzt. Zusätzlich landen im Frühjahr und Herbst bis zu 1,2 Mio. Zugvögel gleichzeitig in dieser Region, um sich hier für den Weiterflug ins Brutgebiet bzw. in ihr Winterquartier zu stärken.

Prominentester Küstenvogel ist die Silbermöwe. Ob im Hafen, am Strand, an Bord der Fähren: Wo etwas abfällt, die Allesfresser sind schon da. Im Wattenmeer stellen die Möwen Krebsen, Krabben und Muscheln nach, am Ufer vertilgen sie auch tote Fische und Seehunde. Einmal gepaart, bleiben sich Silbermöwen treu. Nur im Winter gehen die Gatten getrennt auf Nahrungssuche, im Frühjahr treffen sie sich wieder auf dem Brutplatz. Der auffällige rote Fleck am Schnabel ist für die jungen Möwen der „Futterknopf". Picken sie auf diesen Punkt, würgen die Eltern die geforderte Nahrung heraus. Das silbergraue Federkleid bekommt die Möwe erst nach vier Jahren; dann erst ist sie geschlechtsreif, mausert sich und verliert die braun gesprenkelten Federn.

Zahlenmäßig wird die Silbermöwe von der Lachmöwe überflügelt. Sie trägt ihren Namen nicht, weil sie in den Lüften lacht. Vielmehr brütet diese Möwe auch an verschilften Seen, Teichen und eben Lachen. Während der Brutzeit ist die Lachmöwe leicht an ihrem schwarzbraunen Kopf zu erkennen. Ist diese Zeit vorbei, verlieren die Vögel das dunkle Kopfgefieder. Was bleibt, ist ein dunkler Fleck hinter dem Auge.

Großes Geschrei im Watt macht der Austernfischer. Auch mit seinem schwarzweißen Gefieder und dem orangefarbenen Schnabel zieht er alle Blicke auf sich. Eines aber kann er nicht: Austern fischen. Um diese Muscheln zu knacken, müsste er schwimmen und tauchen können, was nicht seine Disziplinen sind. Im Watt, auf Wiesen und Feldern stochert er nach verborgenem Getier. Seine Brutzeit fängt Ende April an. Wird während dieser Periode das frei in einer Bodenmulde liegende Gelege gestört, beginnt er mit dem für ihn typischen Geschrei und warnt so seine Jungen, die sich dann regungslos an den Boden drücken, Eindringlinge ins Brutrevier werden von ihm mutig im Tiefflug attackiert.

TRICKREICHE TIERE

Das Wasser kommt, das Wasser geht. Im Sechsstundentakt ändern sich im Watt die Lebensbedingungen. Für Tiere eigentlich kein lebensfreundliches Revier. Dennoch kribbelt und krabbelt es in Schlick und Sand.

Muscheln, Würmer, Schnecken und Garnelen haben sich dem Milieu angepasst. Solange es nass genug ist, grasen Schnecken den Wattboden nach Algen ab; wird es ihnen zu trocken, graben sie sich ein. Auch dem Wattwurm wird es schnell zu sonnig, dann vergräbt er sich in seiner 25 cm tiefen, u-förmigen Wohnröhre. Dabei frisst er sich förmlich durch die Sedimente, scheidet sie aus und hinterlässt an der Oberfläche ein geringeltes Häufchen Schlick.

Auch Muscheln bleiben bei Ebbe lieber im Untergrund. Sie saugen mittels einer längeren Röhre den Wattboden nach feinsten Nahrungspartikeln ab. Droht Gefahr, wie etwa der Fuß eines Wattwanderers, wird die Röhre blitzschnell eingezogen, und ein winziger Wasserstrahl spritzt aus dem Sand. Kommt die Flut, graben die Muscheln sich wieder aus und lassen sich auf der Wasseroberfläche treiben. Nicht weniger trickreich passt sich die Miesmuschel dem Nasstrocken-Rhythmus an. Sie bleibt, egal ob Ebbe oder Flut, wo sie lebt: auf der Muschelbank. Fällt diese trocken, macht sie dicht, verschließt die Schalen und stellt die Atmung ein, vermindert den Herzschlag und überlebt die Trockenperiode. Es sei denn, der Mensch „erntet" sie, was auf insgesamt 2200 ha Fläche im Nationalpark Wattenmeer erlaubt ist – an mehreren Stellen wurden künstliche Muschelbänke angelegt, um Miesmuscheln zu züchten.

NATIONALPARK

1985 war ein entscheidendes Jahr für die Nordseeküste Schleswig-Holsteins: Das Nationalparkgesetz wurde verabschiedet. Dieses Gesetz stellt das gesamte Wattenmeer unter Schutz, von der Landesgrenze im Norden bis zur Elbmündung. Es wurde so zum größten Nationalpark Mitteleuropas. Westlich, seewärts, ist der Nationalpark durch die Wattflächen und Sände begrenzt; binnen, landseitig, beginnt die Schutzzone 150 m vor dem Deich. Die Inseln und die fünf großen Halligen *Gröde, Langeneß, Oland, Nordstrandischmoor* und *Hooge* sind jedoch ausgenommen. Der Grund: Die Naturschutzauflagen würden für deren Bewohner eine unzumutbare Beeinträchtigung ihres Lebens darstellen.

Im Gesetzestext „dient der Nationalpark dem Schutz und der natürlichen Entwicklung des schleswig-holsteinischen Wattenmeers und der Bewahrung seiner besonderen Eigenart, Schönheit und Ursprünglichkeit. Es ist ein möglichst ungestörter Ablauf der Naturvorgänge zu gewährleisten." Andererseits sieht das Gesetz vor, „unzumutbare Beeinträchtigungen der Interessen und herkömmli-

Strandschnecken und Blasentang im Schlickwatt

chen Nutzung der einheimischen Bevölkerung zu vermeiden". Ein Widerspruch? Jedenfalls wurde und wird noch heute eifrig gestritten. Naturschützern geht das Gesetz nicht weit genug, die Küstenbewohner fürchten um ihre Lebensgrundlage. So ist das Nationalparkgesetz letztlich nichts anderes als ein Kompromiss mit dem Ergebnis, dass der Park in drei Schutzzonen mit unterschiedlichen Nutzungsmöglichkeiten eingeteilt wurde.

Erdöl gefördert, anderswo Militärflugzeuge über den Nationalpark fliegen. So ist und bleibt die Gesetzgebung ein Balanceakt zwischen Naturschutz und -nutzung.

Im Sommer 2009 wurde ein neues Kapitel in der Geschichte des Wattenmeerschutzes aufgeschlagen: Die Unesco erkannte den Nationalpark als Weltnaturerbe an. Seitdem trägt das Wattenmeer vor der holländischen, niedersäch-

Ruhezone im Wattenmeer: Seehunde sonnen sich auf einer Sandbank

Die am rigorosesten geschützte Zone 1, ein Drittel der gesamten Fläche, ist selbst für Wattwanderer gesperrt. Es sind die wichtigsten Seehundbänke, die Brut-, Nahrungs- und Mauserplätze bedrohter Seevögel, wie z. B die Vogelschutzinseln *Blauort* und *Trischen,* sowie die Außensande. Allerdings ist es den Fischern in dieser Zone nach wie vor gestattet, mit ihren Kuttern Fische zu fangen und Muscheln zu ernten. In anderen Zonen des Nationalparks gehen die Nutzungsrechte und Ausnahmeregelungen noch weiter. So wird im Dithmarscher Watt (Zone 3)

sischen und schleswig-holsteinischen Küste diesen Titel – der Auszeichnung und Verpflichtung zugleich ist. Hamburg und Dänemark wollen nun für ihre Teile des Wattenmeers ebenfalls den Antrag bei der Unesco stellen, mit einer – positiven – Entscheidung wird für 2012 gerechnet.

Das Wattenmeer zu schützen und eine ökologisch verträgliche Nutzung zu sichern sind die Hauptaufgaben des Landesamts für den Nationalpark in Tönning; Auskünfte erteilen auch die anderen ● Infozentren:

Infozentrum Wiedingharde: Juni–Sept. Mo–Sa 9–16, So 10–12, Okt.–Mai Mo–Fr 8–13, Sa 9–12 Uhr | Klanxbüll | (122 C3) *(ௌ C3) | Toft 1 | Tel. 04668 313 | www.wiedingharder-infozentrum.de*
Naturzentrum Mittleres Nordfriesland: Mai–Okt. Mo–Sa 10–17 Uhr | Bredstedt | (125 D1) *(ௌ E5) | Bahnhofstr. 23 | Tel. 04671 45 55 | www.naturzentrum-nf.de*
Nationalpark Schleswig-Holsteinisches Wattenmeer: Mo–Do 9–16, Fr 9–14 Uhr | Tönning (125 D5) *(ௌ E8) | Schlossgarten 1 | Tel. 04861 6160 | www.wattenmeernationalparke.de*
NABU-Naturzentrum Katinger Watt: April–Okt. tgl. 10–18 Uhr | Katingsiel/Tönning (124 C5) *(ௌ D8) | Tel. 04862 80 04 | www.nabu-katinger-watt.de*
Schutzstation Wattenmeer: Mai–Okt. Di, Do 14–18, Sa, So 10–18, Nov.–April Sa, So 11–17 Uhr | Friedrichskoog | (126 B4) *(ௌ D11) | am Hafen (Südseite) | Tel. 04854 92 98 | www.schutzstation-wattenmeer.de*
Infostellen der Schutzstation Wattenmeer und des NABU gibt es auch in Büsum und auf der Hamburger Hallig.

IM WATT UNTERWEGS

PRIELE UND ANDERES

Wenn das Wasser weg ist, bleibt eine „Flusslandschaft": Wasserläufe und sogenannte Priele, in denen das Wasser in die breiten Wattströme fließt. Diese Ströme können 5 m und tiefer sein und sind zugleich die Fahrrinnen der Fähren. Auch die kleineren Priele führen bei Ebbe noch Wasser – in ihnen zu baden ist lebensgefährlich, da hier eine starke Strömung herrscht.

SCHLICK, SAND, SCHWARZE FÜSSE

Barfuß natürlich! Wer geht schon mit Schuhen oder gar Stiefeln ins Watt? Quillt der schwarze Schlick zwischen den Zehen, stechen Muschelsplitter, mag man sich Schuhwerk wünschen. Besser ist es, Sie gehen ohne. Es mag Ihnen niemand wünschen: Doch bleibt Ihr Schuh im Schlick stecken, stehen Sie da wie ein Storch im Watt. Was für eine Schweinerei! Und dass Sie in Ufernähe versacken, ist nichts Ungewöhnliches. Hier wird der Sand von dunkelblau-schwarzem Schlick überlagert, stellenweise knietief. Schlick

GEH NIE ALLEIN!

▶ Niemals bei auflaufendem Wasser eine Wattwanderung antreten. Ideale Zeit: zwei Stunden vor Niedrigwasser.

▶ Wattwandern nur bei ruhigem Wetter und klarer Sicht. Vorhersagen beachten: Das Wetter kann schnell umschlagen.

▶ Bei Gewitter ist das Betreten des Wattenmeers lebensgefährlich. Wasser und erhöhte Punkte ziehen Blitze an.

▶ Die Zeit für den Rückweg berechnen.

▶ Nie allein ins Watt gehen, nie ohne Uhr und Kenntnis der Hoch- und Niedrigwasserzeiten.

▶ Vor Beginn einer Wattwanderung sich unbedingt bei einer Person abmelden.

▶ Ein Kompass kann Leben retten.

▶ Geeignete Kleidung mitnehmen wegen der Gefahr des Sonnenbrands, Sonnenstichs oder der Auskühlung bei starkem Wind.

ist ein wasserreiches Gemisch aus Ton und feinstem Sand und bleibt deshalb an Füßen und Waden haften.

Manch Wanderer guckt nach den ersten Metern im Watt etwas angeekelt auf seine Füße. Doch je weiter Sie sich vom Ufer entfernen, umso fester wird der Boden, das Schlickwatt geht dann in das sogenannte Sandwatt über. Hier gibt es kein Versacken mehr. Das Watt ist fest, und die Dynamik des Wassers und der Strömung hat Rippen in den Sand modelliert. Ein Spaziergang über diese Sandrippen ist zugleich eine wohltuende Massage für die nackten Füße.

WATTFÜHRUNGEN ★

An der Westküste gibt es etwa 100 Wattwanderführer. Eine Übersicht über Wanderungen und Erkundungstouren erhalten Sie bei den folgenden Verbänden: *Nationalpark-Wattführerinnen und -Wattführer* (Touren an der gesamten Westküste, spezialisiert auf Gruppen): *Tel. 04861 61670 | www.wattenmeernationalpark.de*
Schutzstation Wattenmeer (Führungen an der gesamten Westküste und viele Angebote für Kinder, Jugendliche und Erwachsene unter dem Motto „Watt erleben"): *Tel. 04331 23622 | www.schutzstationwattenmeer.de*

Anmeldung und Treffpunkte in Ihrer Urlaubsregion (aktuelle Wanderziele und -zeiten sind, abhängig vom Gezeitenkalender, auf Holztafeln an folgenden Treffpunkten angeschlagen und natürlich bei der jeweiligen Touristinformation zu erfragen):

BÜSUM (126 B2) *(म D10)*

Treffpunkt: Büsumer Sandstrand/Perlebucht an der Würfeluhr. *Anmeldung: Tel. 04834 90 91 19 u. Tel. 04834 36 05 | www. buesum-fuehrungen.de*

DAGEBÜLL (122–123 C–D5) *(म C4)*

Treffpunkte: Strandzugang vor dem Strandhotel (Wanderung nach Oland) und am Fähranleger in Schlüttsiel (Wanderung nach Gröde und Langeneß). *Anmeldung: Tel. 04667 4 66 (Birgit Andresen) u. Tel. 04668 9 20 00 (Boy Boysen) | www.wattwanderungen-halligerlebnis.de, www.wattenlaeufer.de*

FRIEDRICHSKOOG (126 B4) *(म D11)*

Treffpunkt: Zugang zum Hauptstrand. *Anmeldung: Tel. 04832 32 62 (Jens Uwe Blender) | www.watterleben.de*

HUSUMER BUCHT

(125 D2–3) *(म D–E 6–7)*
Termine und Treffpunkte (nicht nur) in der Husumer Bucht erfahren Sie im Nationalparkhaus Husum. *Anmeldung: Tel. 04841 66 85 30 | www.national parkhaus-husum.de*

NORDSTRAND

(124–125 C–D 2–3) *(म D6–7)*
Treffpunkt: Badestelle Fulehörn. *Tel. 04842 90 30 93 (Thomas Kluge) | www. touristinfo-nordstrand.de*

ZIELE IM WATT

HAMBURGER HALLIG ⭐
(124 C1) (🗺 D6)

Wanderer geraten bei Nennung der Hamburger Hallig ins Schwärmen. Die Entfernung vom Festland (4 km) sei ge-

Ein Ausflug auf die Hallig ist eine Expedition in die Welt der Vögel, denn hier piept so ziemlich alles, was gefiedert und im Watt zu Hause ist. Im Frühjahr und Herbst fressen sich auf den Salzwiesen 30 000 Nonnengänse für die nächste Flugetappe fett.

Wanderziel: Die Hamburger Hallig ist mit dem Festland durch einen Damm verbunden

nau die richtige Distanz für einen Fußmarsch über den Damm.

Zwei Hamburger Kaufleute kauften im 17. Jh. das Vorland Alt-Nordstrands, das Ursprungsgebiet der Hamburger Hallig. Nur wenige Jahre später wurde das fruchtbare Land von der „Großen Mandränke" (1634) zerstört. *Pellworm, Nordstrand, Nordstrandischmoor* und die *Hamburger Hallig* sind Überbleibsel dieser Katastrophe.

Etwa 60-mal im Jahr heißt es auf der Hallig „Land unter". Dann ist der Weg überflutet und gesperrt. Von Ostern bis Mitte Oktober ist der Damm auch für Autos befahrbar (eine gebührenpflichtige Schranke regelt den Verkehr), jedoch sind Kraftfahrzeuge im Naturschutzgebiet nicht gern gesehen.

Fußmüde Wanderer und erschöpfte Radfahrer können sich im Hallig Krog stärken. Für den Wirt war der 17. Mai 2002 ein

Kutschfahrt im Watt: mit zwei PS zur Hallig Südfall

Feiertag: An diesem Tag wurde im Krog der Schalter umgelegt – die Hamburger Hallig ging ans Netz und bekam als letzte der bewohnten Halligen Strom. Zuvor mussten die Lammfrikadellen auf dem Gasherd gebraten werden, Strom für Licht, Lüftung und Kläranlage erzeugte ein Dieselgenerator. Damit ist seit diesem „Feiertag" Schluss, die Gäste können nun – bei schönem Wetter auch auf Holzbänken vor dem Krog – köstliche Kuchen und Lammspezialitäten in der Ruhe des Wattenmeers genießen. *April–Okt. tgl. 11–mind. 18 Uhr, 26. Dez.–1. Januarsonntag tgl., Jan.–März nur So geöffnet – falls die Sonne scheint | Tel. 04671 94 27 88 | www.hallig-krog.de*

KATINGER WATT ⭐
(124 C5) (*ɰ D8*)

Dieses Watt (5 km von Tönning) ist etwas ganz Besonderes: ein Mosaik aus Laubwald und Schilfflächen, aus Überschwemmungswiesen, Tümpeln und Teichen, das man zu Fuß, mit Rad oder Pferd erkunden kann. Nach dem Bau des Eidersperrwerks (1973) fielen etwa 1500 ha Mündungswatt der Eider trocken; 1976 wurden die ersten Bäume gepflanzt. Dieses ungewöhnliche Nebeneinander von Wiese, Wald und Watt lockt viele Vogelarten an. Der Schafsberg, ein künstlich geschaffener Hügel mitten im Watt, war im Fall eines extremen Hochwassers Rückzugsgebiet für die Schafe. Heute, nach der Trockenlegung, steht dort ☀ ein 13 m hoher Aussichtsturm, von dem man mit Fernglas ausgerüstet z. B. brütende Kiebitze, sich mausernde Krickenten, rastende Goldregenpfeifer und jagende Seeadler beobachten kann. Das *Naturzentrum Katinger Watt* mitten im Naturschutzgebiet bietet Watterkundungen, vogelkundliche Führungen, Fahrradtouren und Kindernachmittage an. *April–Okt. tgl. 10–18 Uhr | Lina-Hähnle-Haus | Katingsiel 14 | Tel. 04862 80 04 | www.nabu-katinger-watt.de*

SÜDFALL (124 B3) (*ɰ C7*)

Auf dieser nur 50 ha großen Hallig lebt einsam der Vogelwart mit seiner Familie. Wer ihn besucht, bekommt dort Würstchen und Kuchen. Nach Südfall kommt man nur im Rahmen genehmigter Führungen, entweder mit Pferd und Wagen oder zu Fuß. Wer sich kutschieren lässt, ist 3 Std. unterwegs, zu Fuß ist man gut 5 Std. auf den Beinen und hat 1 Std. Aufenthalt *(Führungen: Fam. Kluge, siehe S. 97).* **INSIDER TIPP** Kutschfahrt ab *Fulehörn/Nordstrand (Tel. Anmeldung bei Familie Andresen 04842 3 00 (tgl. 8–12 Uhr) | Mai–Sept. Fahrt 13 Euro | www.suedfall.de).*

WATTERKUNDUNG MIT DEM SCHIFF ●

Seetierfangfahrten, Wattwanderfahrten, Brunchfahrten, Krabbenfangfahrten, Kreuzfahrten durch die Halligwelt vorbei an den Seehundbänken, mit Wattwanderung kombinierte Halligfahrten – die Kapitäne lassen sich einiges einfallen, um Landratten zu locken. Ein Törn kostet 10–30 Euro. An Bord gehen können Sie in Dagebüll *(www.faehre.de)* und in:

BÜSUM (126 B2) (*m D10*)

Reederei H. G. Rahder | Fischerkai | Tel. 04834 36 12 | www.rahder.de

NORDSTRAND (124 C3) (*m D6–7*)

Insel- und Halligreederei „Adler Schiffe" | Strucklahnungshörn | Tel. 04842 90 00-0 u. Tel. (*) 01805 12 33 44 | www.adler-schiffe.de

SCHLÜTTSIEL (123 D5) (*m D5*)

– Halligreederei MS „Hauke Haien" | Kapitän Bernd Diedrichsen | Tel. 04841 8 14 81 u. 0171 7 70 58 77 | www.wattenmeerfahrten.de
– MS „Seeadler" | Kapitän Heinrich von Holdt | Tel. 04674 15 35 u. 0170 7 71 99 94 | www.seeadler-hooge.de
– MS „Rungholt" | Kapitän Uwe Petersen | Tel. 04667 3 67 | www.halligmeerfahrten.de

TÖNNING (125 D5) (*m E8*)

„Adler Schiffe" | Tel. 04842 90 00-0 u. Tel. (*) 01805 12 33 44 | www.adler-schiffe.de

PLATTDÜÜTSCH

▶ Ein paar Worte und Redewendungen, die Ihnen mehr oder weniger häufig begegnen werden:
Backbeernkrom – unnötiges Zeug
een, twee, dree – eins, zwei, drei
Deern, Fru, Kerl – Mädchen, Frau, Mann
Dörpstrot – Dorfstraße
Goden Dag ok – Guten Tag
Ik mok mol fofthein – Ich mach' mal Pause (fünfzehn)
Kiek mol wedder in! – Schau mal wieder vorbei!
Klock/Klocktied – Uhr/Uhrzeit
Klönsnack – Gespräch
Mohltied! – Mahlzeit!
Moin! – Begrüßung zu jeder Tageszeit
Rundstück – Brötchen

Schiedbüdel – liebevolle Anrede für kleine Kinder (Scheißbeutel)
Schiedwedder! – Sch...wetter!
Schoop op'n Diek – Schafe auf dem Deich
Soltwoter – Salzwasser
Sünnschien – Sonnenschein
suutsche – langsam
teihn, hunnert, duusend – zehn, hundert, tausend
Tschüüs ok!/Adjüüs – Auf Wiedersehen!
Wo geiht? Mutt jo! – Wie geht's? Muss ja!

▶ Zur Vertiefung Ihrer Plattdeutschkenntnisse: Jörg Sieck: „Wi snackt platt", Reinhard Goltz: „Plattdeutsch für Zugereiste"; *www.plattmaster.de*, *www.plattdeutsches-woerterbuch.de*

AUSFLÜGE & TOUREN

Die Touren sind im Reiseatlas, in der Faltkarte und auf dem hinteren Umschlag grün markiert

① ÜBER ALTE DEICHE NACH DÄNEMARK

 Diese rund 40 km lange Tour ist ein idealer Tagesausflug für Radfahrer. Sie führt von Niebüll über alte Deiche und vorbei an – im Mai blühenden – Rapsfeldern bis zur dänischen Grenze und, wenn Sie mögen, auch in das Königreich, zum Nolde-Museum und zurück nach Niebüll. Nur die ersten Kilometer hinter Niebüll fahren Sie gen Westen, also möglicherweise gegen den Wind. Ansonsten bläst er von der Seite, und manchmal wird er Ihnen auch Anschub geben. Sollten Sie dennoch ins Schwitzen kommen, können Sie während einer Rast ein erfrischendes Bad nehmen.

Die Tour beginnt auf dem Niebüller Rathausplatz mitten in der Fußgängerzone. Hier folgen Sie dem Hinweisschild zum **Naturkundemuseum → S. 38**. Vor dem Naturkundemuseum führt nach rechts eine kleine Straße zum Freibad. Hier biegen Sie ab. Nach zwei S-Kurven können Sie hinter Bäumen und Büschen Niebülls **Freibad → S. 39** sehen. Dieser See ist einem Deichbruch am Weihnachtsabend 1593 zu verdanken: Mit gewaltiger Wucht spülte das in den Koog strömende Wasser ein tiefes Loch ins Erdreich. Die Deichbauer konnten die Deichlinie seewärts um das Loch herum wieder schließen. Zurück blieb das mit Wasser gefüllte tiefe Loch im Koog – eine sogenannte Wehle. Im Lauf der Tour werden Sie an einer noch größeren vorbeikommen.

Bild: Nolde-Museum

Auf Deichen, durch Köge und am Kanal: Mit dem Rad durch Eiderstedt und Nordfriesland – der Wind bestimmt die Fahrtrichtung

Hinter dem Ortsschild beginnt die Weite der Köge: links von Ihnen – im Süden – der **Christian-Albrechts-Koog**, rechts – im Norden – der **Gotteskoog**. Er ist mit einer Fläche von 104 km² der größte Koog Nordfrieslands. Und spätestens jetzt werden Sie spüren, wie sehr Sie gegen den Wind in die Pedale treten müssen. Denn von nun ab geht es auf dem **Gotteskoogdeich** Richtung Westen. Dieser Deich wurde 1562–66 aufgeschüttet. Er hielt nicht nur das Wasser zurück, sondern wurde zugleich die erste dauerhafte Landverbindung zwischen Niebüll und Emmelsbüll.

Wenn Sie wissen wollen, wie viele Kilometer Sie bereits mit dem Wind gekämpft haben, so stehen alle 200 m rechts am Straßenrand kleine, weiße Schilder mit der Kilometerzahl, die Sie seit Niebüll zurückgelegt haben. Am Kilometerpunkt 3,6 führt eine schmale Straße mit dem schönen Namen **Am Rollwagenzug** in den Koog; sie verläuft schnurgerade, parallel zu einem Sielzug. Dieser wurde 1623 erdacht und angelegt von dem holländischen Deichbaumeister Claas Jannsen Rollwagen und sorgte damals für die Entwässerung des Gotteskoogs. Für eine erste Rast empfiehlt sich die **Angelwehle** am Kilometerpunkt 6,0. Dieser See ist in fester Hand der Angler, die das Baden verbieten. Doch gegen ein Picknick hat hier niemand etwas einzuwenden.

Danach fahren Sie weiter auf dem Gotteskoogdeich bis zum Kilometerpunkt 7,0. Dort biegen Sie rechts ab in den **Wrewelsbüllweg**. Dieser schmale Asphaltweg führt hinunter in den Koog, und wenn der Raps blüht, tauchen Sie hier wahrlich in eine gelbe Flut. An der nächsten Weggabelung halten Sie sich links, kommen vorbei an einer bewaldeten Warft, auf der ein „Dreiseitenhof" steht (der Name erklärt sich beim Hinschauen von selbst), überqueren einen Sielzug und biegen an der nächsten Kreuzung rechts ab. Der Mitteldeich ist heute als Deich nicht mehr zu erkennen. Rechts

und links stehen stämmige Ulmen, über Ihnen die vom Wind nach Osten geneigten Baumkronen. Vorsicht, die Straßen sind schmal und kurvig, rechnen Sie mit Gegenverkehr! Nach zirka 1 km fahren Sie rechts auf den **Hoddebülldeich** und dann 6 km bis nach **Neukirchen**. Auf dieser Strecke überqueren Sie die Bahnlinie Niebüll–Westerland, kurz danach die Klanxbüller Straße, und hier weist Ihnen das Schild „Nolde-Museum" den Weg. Sind Sie erschöpft und wollen Sie auf einen Abstecher nach Dänemark verzichten, folgen Sie diesen Wegweisern. Haben Sie Lust auf ein idyllisches Stück Nordfriesland, dann fahren Sie am **Landgasthof Fegetasch** am Ortsausgang von Neukirchen nicht rechts Richtung Nolde-Museum, sondern geradeaus auf der Straße **Beim Siel**. Nach gut 1 km biegen Sie in den **Neudamm** ein. Gesäumt von Wiesen und Pferdekoppeln, führt dieser beschauliche Weg bis zur dänischen Grenze. An der nächsten Kreuzung leitet

Auch Pferde sind auf Nordfrieslands Weiden häufig anzutreffen

Sie rechts eine kleine Steigung auf einen Deich. Linker Hand, hinter dem Weidezaun, beginnt Dänemark. Sie erreichen den **Grenzübergang Rosenkranz**. Das Zollamt steht leer, der Schlagbaum ist abgeschraubt. Kontrolle, das war mal. In den Asphalt der Grenzstraße eingebettet, markiert ein Granitstein, wo hier genau die Grenze verläuft.

Sie haben Hunger? Dann bieten sich Ihnen zwei Möglichkeiten: diesseits des Grenzsteins deutsche Küche im **Alten deutschen Grenzkrug** *(tgl. | Tel. 04664 3 86 | €–€€)* oder aber jenseits des Steins Smørrebrød und mehr im **INSIDER TIPP** *Rudbøl Grænsekro (tgl. | Tel. +45 74 73 82 63 | www.rudbol.dk | €€€)*. Auch wenn Sie keine üppig belegten Butterbrote oder eine Fischplatte essen wollen, sollten Sie die Grenze passieren. Der Blick auf den Ruttebüller See ist fantastisch! Hier bekommen Sie einen Eindruck von der Landschaft, die Emil Nolde einst faszinierte und inspirierte.

Wieder in Deutschland, folgen Sie dem Schild „Nolde-Museum", kommen vorbei an zwei Supermärkten, die ihre Sonderangebote auch in Kronen anpreisen. Wenige Meter hinter dem zweiten Supermarkt führt links der für Autos gesperrte **Noldeweg** direkt zum Museum. Und da steht es nun: Noldes Haus und Atelier. Ein klotziger Bau, gemauert aus dunklen, rotgrauen Steinen. Mit dem Dach, teils gewölbt, teils flach, wirkt **Seebüll** → S. 41 auf der Warft wie eine Burg im flachen Nordfriesland. „Hier ist unser Platz", soll Ada Nolde während einer Wanderung ihrem Mann Emil gesagt haben. Verewigt haben sich die beiden auch mit ihrem Garten.

Kommen Ihnen die Wege rund um den Teich und zwischen den Blumenrabatten wirr vor, versteckt sich dahinter doch ein Prinzip: Aus der Vogelperspektive oder **INSIDER TIPP** vom obersten Stockwerk des Museums aus gesehen, formen einige von ihnen die Buchstaben A und E für Ada und Emil.

Der schnellste Weg zurück nach Niebüll führt über den **Revtoftweg** und die **Aventofter Straße**. Haben Sie es nicht eilig und Lust auf ein erfrischendes Bad, fahren Sie den Revtoftweg nicht Richtung Niebüll, sondern rechts nach Neukirchen. Nach 500 m weist ein Schild zum **INSIDER TIPP** *Hülltoft-Tief*. In den Sommermonaten eine lauschige Badestelle und ein Picknickplatz mitten in Emil Noldes Landschaft.

2 ZUM WESTERHEVER LEUCHTTURM

Diese 60 km lange Tour führt von Husum entlang der Nordküste der Halbinsel Eiderstedt durch die Köge zum Westerhever Leuchtturm und weiter nach St. Peter-Ording.

Mit dem Auto ist diese Distanz ein beschaulicher Ausflug, steigen Sie aufs Fahrrad, sollten Sie jedoch fit sein: Da der Weg bis zum Leuchtturm ausschließlich gen Westen führt, wird Ihnen wohl der Seewind ins Gesicht blasen – Flaute ist auf Eiderstedt eher selten. Ab Westerhever können sich Ihre Waden erholen. Von nun an radeln Sie im Windschatten des Seedeichs nach St. Peter-Ording, von dort bringt Sie der Zug zurück nach Husum. Sollten Sie den Gegenwind fürchten, ein Tipp: Beginnen Sie die Tour mit der Bahnfahrt von Husum nach St. Peter-Ording und radeln Sie über Westerhever gen Osten – mit Rückenwind.

Der Ausflug beginnt im Binnenhafen von **Husum** → S. 45. Sie verlassen die Stadt über den **Damm**, rechts das moderne Husumer Rathaus, links das Schifffahrtsmuseum. Gleich hinter der Bahnunterführung biegen Sie rechts ab Richtung

Simonsberg und kommen Husums Hässlichkeiten verdammt nah: links der Windpark, rechts die betongrauen Silotürme. Doch keine Sorge, durch die nächste „Stöpe" hindurch – der nordfriesische Ausdruck für Deichscharte, einen Einschnitt im Deich – haben Sie Husum hinter sich gelassen. Über die **Finkhaushallig** erreichen Sie den **Simonsberg-Koog**. Hier sehen Sie rechter Hand den ersten Haubarg. Nun sind Sie auf Eiderstedt.

An der nächsten Weggabelung weist ein Schild nach links zum Roten Haubarg, ein anderes nach rechts zur **Badestelle**. Gönnen Sie sich den Umweg an die Küste. Sie fahren auf einem Deich durch das beschauliche Dorf **Simonsberg**. Die Deichstraße endet am Außendeich an einem Buswendeplatz. Zeit für eine Pause: Bei Flut können Sie hier baden; herrscht Ebbe, haben Sie eine wunderbare Aussicht über den Heverstrom auf **Nordstrand → S. 52**. Zurück müssen Sie wieder durch Simonsberg, alle anderen Straßen sind Sackgassen. Am **Kirchspielskrug** fahren Sie den Deich hinunter und folgen dem Schild nach **Witzwort**. Auf der rechten Seite im **Adolfskoog** ist er nicht zu übersehen, der wuchtige **Rote Haubarg → S. 67** auf seiner Warft, umgeben von stämmigen Bäumen. Eine Kaffee- oder Essenspause ist hier unbedingt Pflicht.

Hoffentlich gut gestärkt, kehren Sie zurück auf die Hauptstraße. Nach 200 m führt eine Steigung hinauf auf den **Porrendeich**. Hinter **Uelvesbüll** werden Sie als Radfahrer auf eine harte Probe gestellt. Die schnurgerade Straße scheint endlos: links Wiesen, rechts der Deich, eingezäunt mit Stacheldraht und Eichenpfählen. Hunderte dieser Zaunpfähle müssen Sie hinter sich lassen. Eine Verschnaufpause lohnt sich am **Everschop-Siel**, und zwar im modernen Bistro INSIDER TIPP *Spieskommer* (tgl. |

Tel. 04865 90 12 90 | € – €€) mit seiner schönen Terrasse. Außerdem können Sie hier den ☼ Deich erklimmen und oben angekommen, weit übers Watt bis Pellworm und Nordstrand gucken. Interessant ist auch die Bronzeplatte am Schützenhaus des Siels. Sie zeigt das Mosaik der zahlreichen Köge und deren Entstehungsdaten.

Noch 5 km, dann haben Sie die „Zaunpfahletappe" geschafft; fahren Sie dann links nach **Osterhever** und weiter durch den Augustenkoog nach **Westerhever**. Der Kirchturm der St.-Stephanus-Kirche, 1370 gebaut, ist der älteste Eiderstedts und diente bis zum Bau des Leuchtturms (1907) als Seezeichen.

Sie vermissen am Horizont den Leuchtturm? Sie sind zwar in Westerhever angekommen, doch damit noch lange nicht am Leuchtturm. Sie müssen noch weiter Richtung Westen. Endstation ist ein Parkplatz mit Souvenirshop, Infokiosk, Würstchenbuden und Toilettenhäuschen. Der Turm lugt hier über den Deich, ist aber noch 2,5 km Fußweg entfernt. Wollen Sie mit Kindern bis zum Turm, empfiehlt es sich, einen Bollerwagen zu mieten. Solch ein Gefährt ist absolut matsch- und watttauglich. Rauf auf den **Leuchtturm → S. 64** können Sie nur nach Voranmeldung. Dann steigt ein pensionierter Leuchtturmwärter – der Turm ist seit 1972 computergesteuert – mit Ihnen hinauf bis in die ☼ Turmspitze. Köstliche und kuschelige Andenken gibt es im INSIDER TIPP *Schäfermarkt Willi Hinz* (Deichstr. 4 | Tel. 04865 90 19 18).

Weiter Richtung St. Peter-Ording haben Sie zwei Möglichkeiten: Sie treten buten – auf der Seeseite des Deichs – in die Pedale, stets den Leuchtturm im Blick, oder binnen, im Windschatten des Deichs. Angekommen in **St. Peter-Ording → S. 61**, verladen Sie nach der verdienten Badepause Ihr Rad in den

Zug (10,70 Euro). Der verkehrt stündlich und bringt Sie in etwa 50 Minuten zurück nach Husum.

ZWISCHEN NORD-OSTSEE-KANAL UND BURGER AU

Die Wirtschaftswege an den Ufern des Nord-Ostsee-Kanals sind ideal für gemütliche Radtouren in Begleitung langsam vorbeiziehender Schiffe auf der einen Seite und dichter Ufergehölze voller Vogelgezwitscher auf der anderen.

Zu dieser etwa 35 km langen Rundfahrt starten Sie in **Brunsbüttel → S. 68**, fahren durchs Industriegebiet Nord und erreichen bei Blankenmoor den Weg am Kanal. Etwa 9 km geht es nun nach Nordosten – also meist mit Rückenwind – immer am Kanal entlang bis zum Fähranleger von **Burg → S. 83**. Wenn Sie lieber auf der Kanalsüdseite radeln möchten, bereiten Sie sich das doppelte Vergnügen einer Minischiffsfahrt, setzen bei Kudensee mit der Kanalfähre über und mit der Burger Fähre wieder zurück auf die Nordseite.

Hier wartet das **INSIDER TIPP** ▸ *Fährhaus Burg (Tel. 04825 2417 | www.burger-faehr haus.de | €)* mit einer Sonnenterrasse unter hohen Bäumen auf Gäste – ein schöner Platz für eine Rast mit Blick auf den Fährbetrieb und die vorbeituckernden Schiffe. Danach geht's weiter, und zwar nach Norden in Richtung Burg. Kurz vor dem Ortskern jedoch biegen Sie links ab in die Straße Unterm Cleve, ihr folgen Sie nach Südwesten bis zum hübschen Dorf **Kuden**. Der Weg verläuft am Rand des Geestrückens, sodass Sie linker Hand die Marschlandschaft überblicken können, durch die sich die Burger Au schlängelt, dahinter blitzt gelegentlich das Wasser des Kanals auf, und Sie sehen die Decksaufbauten der großen Pötte

über den Uferbäumen schweben. Überall vom Weg aus sind Abstecher möglich, zur Au und ins Buchholzer Moor.

Südlich von Kuden fahren Sie nun links ab in Richtung Süden und Averlak. Dabei kommen Sie am nur 1,2 m tiefen Kudensee vorbei, mit 39 ha Dithmarschens größter See und ein Naturschutzgebiet. Hier brütet u. a. die seltene Rohrdommel. Der Weg zickzackt weiter bis Averlak und stößt dort auf die Hauptstraße, der Sie weiter in Richtung Kanal folgen, bis Sie bei **Blankenmoor** wieder auf die Straße nach Brunsbüttel gelangen.

Weithin sichtbar: der Turm von St. Stephanus in Westerhever

SPORT & AKTIVITÄTEN

Schwimmen, Segeln, Surfen, Strandspiele, all das geht buten, also vor dem Deich. Binnen laden die asphaltierten Wege dazu ein, auf zwei Rädern oder acht Rollen durch die Köge zu sausen. Und im Land gibt es zahlreiche Seen und Flüsse, ideale Reviere für Kanuten, Paddler und Binnenskipper.

Die Angler nicht zu vergessen, die in Sielzügen und an Schleusen ihr Glück versuchen können. Binnen wird auch Golf und Tennis gespielt, können Sie auf Pferden und Ponys reiten, an einigen Orten auch buten: im Galopp den Strand entlang.

ANGELN

Die Westküste ist ein Anglerparadies. Hier haben Petrijünger alle Möglichkeiten: Brandungsangeln, Hochseeangeln, Fischen in Seen, Sielzügen und Flüssen. Grundsätzlich brauchen Sie, egal wo Sie den Köder hineinwerfen, einen Fischereischein. Für die meisten Binnengewässer müssen Sie zusätzlich einen Erlaubnisschein kaufen. Näheres erfahren Sie in den Touristinformationen oder in Angelgeschäften.

Hochseeangeln (Kabeljau und Makrele) von *Büsum* aus: *mit der MS Blauort von Kapitän Jasper (Tel. 0481 6 43 43)..* Beliebte Reviere in der Nähe von *Bredstedt* sind die *Arlau* und die *Ostenau* (Aal, Hecht, Forelle, Zander). Bei *Friedrichstadt* sind es die *Eider,* die *Treene* und die *Sorge* (Aal, Lachs, Wels, Schleie). *Auskunft: Angelgeräte Ovens | Andreas-Clausen-Str. 2 | Husum | Tel. 04841 7 24 32). Um Meldorf*

Sport binnen un buten:
Vor und hinter dem Deich haben Sie
zahlreiche Möglichkeiten, sich auszutoben

herum gibt es die *Miele*, die *Süderau*, die *Wolmersdorfer Tonkuhle*, das *Barsflether Gewässer* (von Aal bis Zander). *Auskunft: Hermann Paech, Angelgeräte | Westerstr. 11 | Meldorf | Tel. 04832 21 06.*
Im Norden Nordfrieslands gibt es fischreiche Auen *(Lecker Au, Soholmer Au, Karlum-Au)*, in denen man sogar **INSIDER TIPP** Meerforellen fangen kann, und jenseits der dänischen Grenze den *Ruttebüller See* (Karpfen). *Auskunft: Pörksen Angelsport | im Friesencenter (an der B 5) | Niebüll | Tel. 04661 90 33-0*

GOLF

An der Westküste Schleswig-Holsteins gibt es sieben Golfclubs. Wer sein Handicap kennt, darf auf allen Anlagen ohne Probleme Bälle schlagen. Für Neugierige und Anfänger gibt es kostenlose „Schnupperkurse", und auf Kurzplätzen in Apeldör und Donner Kleve kann man auch ohne Mitgliedschaft golfen.
Golfclub Gut Apeldör | 18-Loch und 9-Loch | Hennstedt | Tel. 04836 99 60-0 | www.apeldoer.de

INSIDER TIPP *Golfclub Am Donner Kleve* | 18-Loch und 6-Loch-Übungsplatz | St. Michaelisdonn | Tel. 04853 88 09 09 | www.golf-am-donner-kleve.de

Golfclub Hof Berg | 18-Loch | Stadum | Tel. 04662 7 05 77 | www.gc-hofberg.de

Golfclub Husumer Bucht | 18-Loch | Schwesing | Tel. 04841 7 22 38 | www.gc-husumer-bucht.de

Nordsee-Golfclub | 18-Loch und 9-Loch | St. Peter-Ording | Tel. 04863 35 45 | www.ngc-spo.de

Golfclub Deichgrafenhof | 9-Loch | Tating | Tel. 04863 95 50 60 | www.gcdeichgrafenhof.de

● *Golfclub Büsum-Dithmarschen* | 18-Loch | Warwerort | Tel. 04834 96 04 60 | www.gc-buesum.de

INLINESKATEN

Die glatten Asphaltwege vor und hinter dem Deich sind ideale Pisten für Rollerblades. Doch Vorsicht, manch ein Skater ist hier schon auf Schafsmist ausgerutscht. Skaterhochburg ist *Nordstrand*. Hier finden jährlich am Himmelfahrtswochenende der „Nordsee-Marathon" und das „Family-Skating" statt. Auskunft: *Kurverwaltung* | Tel. 04842 4 54 | www.nordfriesland-skating.de

KANU

Auf Flüssen, den breiten Sielzügen und Seen ist Kanufahren erlaubt. Beliebtes Revier ist der *Bottschlotter See* bei *Fahretoft,* 10 km südlich von Niebüll. Eider, Treene und einige der Auen sind bei Kanuwanderern beliebt. Auskunft z. B. bei: *Kanu-Service* | *Südtondern* | Tel. 04674 8 65 | www.kanu-service.de

Kanu- und Kajakfahrten auf Eider, Treene, Sorge und Stör: Informationen z. B. unter *www.sh-kanuland.de* oder *www.nordkanu.de*.

NORDIC WALKING

Dithmarschen glänzt mit elf Nordic-Walking-Routen verschiedener Längen und unterschiedlicher Schwierigkeitsgrade, zusammengefasst im *Nordic Walking Park Dithmarschen* (Gesamtlänge 110 km) mit Start- und Zielpunkten in Büsum, am Meldorfer Speicherkoog, in Friedrichskoog und im Zentrum von Brunsbüttelkoog. In Nordfriesland bietet der *Nordic Walking Park Niebüll* sechs Routen mit 40 km Länge.

RADFAHREN

Die *North Sea Cycle Route* ist der längste ausgeschilderte Fahrradweg der Welt. Er umrundet die Nordsee und führt durch sieben Länder. An der schleswig-holsteinischen Nordseeküste beginnt er in Brunsbüttel und verläuft, meist parallel zur Küste, am Deich entlang nach Dänemark. *www.northsea-cycle.com*

Wollen Sie „einfach mal so" in die Pedale treten, denken Sie an den Wind: Planen Sie Ihre Touren so, dass Sie auf dem Rückweg, wenn Sie erschöpft sind, den Wind im Rücken haben. Wem Touren zu anstrengend sind, der kann auf den asphaltierten Wegen seeseits des Deichs radeln. Wunderbar Rad fahren kann man auch auf den Wirtschaftswegen **INSIDER TIPP** beiderseits des Nord-Ostsee-Kanals und dabei „Schiffe gucken". Unter *www.nordsee-radfahren.de* finden Sie Tourenvorschläge und Tipps wie z. B. Radverleih und -werkstätten.

REITEN

Die örtlichen Reitervereine organisieren Ausritte für Erwachsene, Voltigieren und Ponyreiten für Kinder. Besonders reizvoll ist ein Ausritt am Strand und Watt. Informationen gibt es z. B. in *Bordelum* bei

Bredstedt vom *Reit- und Fahrverein | Tel. 04671 2949*, in *Heide* bei der *Reitschule am Moor | Süderholmer Str. 37 | Tel. 0481 5585*, in *St. Peter-Ording* beim *Reitstall Dreililien | Zum Südstrand 11 | Tel. 04863 2401 | www.reiten-am-meer.de*, in *Süderlügum* bei *Wollesen's Reiterhof | Osterstr. 3 | Tel. 04663 303 | www.reiter hof-wollesen.de* oder in *Osterrade (bei Albersdorf)* beim *Hof Nordwind | Tel. 04802 301 | www.hof-nordwind.de*

SEGELN

Segel hissen kann an der Nordseeküste nur, wer sein eigenes Boot mitbringt. Einziger tideunabhängiger Hafen ist Büsum. Binnenreviere sind Eider und Nord-Ostsee-Kanal. Informationen: *Büsumer Segelverein | Tel. 04834 2997 | www. bsv-buesum.de |* und *Meldorfer Segelverein | www.msv-meldorf.de*. Segelscheine erwerben und Törns buchen kann man beim *Husumer Segler-Verein | Tel. 04841 3052 | www.hsrv-husum.de*.

SURFEN & CO.

Das Surfermekka an der Festlandküste ist auf Eiderstedt der *Tümlauer Koog* und – mit so etwas wie Brandung – *St. Peter-Ording*. Über Wind- und Kitesurfen informieren in *St. Peter-Ording* die *Surfakademie | Strandweg 1 Tel. 0172 4528034 | www.surfakademie.de* und das *Wassersportcenter X-H$_2$O | Strandpromenade 3 | Tel. 0175 2488424 | www.x-h2o.de*, in *Meldorf* die *Surf- und Kiteschule | Am Yachthafen 8 (Speicherkoog) | Tel. 04832 9519516* und in *Schobüll* die *Nordfriesland-Surfer | Alte Dorfstraße | Tel. 04841 63103* .

Dank Kitesurfern und Seglern geht's vor St. Peter-Ording bunt zu

MIT KINDERN UNTERWEGS

Normalerweise haben Kinder an der Küste den ganzen Tag was zu tun: am Strand, im Wasser, auf dem Fahrrad- oder dem Pferdesattel. Doch was, wenn die Sonne nicht in Sicht oder Abwechslung gefragt ist? Unter dem Motto „Sehen, Staunen, Spielen, Streicheln" gibt es an der Küste für jeden etwas – von interessanten Museen über Freizeitbäder bis zum Familienpark. Die Tourismuszentralen informieren über tagesaktuelle Veranstaltungen.

DER NORDEN

NATURKUNDEMUSEUM NIEBÜLL
(123 D4) *(M D4)*
Was einem in der Natur nur mit viel Glück und noch mehr Geduld gelingt, ist

hier kein Problem: ein Bienenvolk bei der Arbeit beobachten, Tiere und Pflanzen aus der Nähe betrachten. Außerdem: Aquarien, Tiere zum Streicheln, Malecke und mehr. *April–Okt. Di–So 14–17.30 Uhr, Juni–Aug. auch Mo, zusätzliche Führungen n. V. | Hauptstr. 108 | Tel. 04661 56 91 | www.nkm-niebuell.de | Eintritt 2,50 Euro, Kinder 1 Euro*

HUSUM & HUSUMER BUCHT

NORDSEEMUSEUM HUSUM
(U B3) *(M b3)*
Selber einen Deich bauen und sehen, ob er hält? Der Spielplatz draußen ist für kleine und große Deichbauer. Drinnen erfährt man, wie die Menschen früher hinterm Deich gewohnt und gearbeitet

---

Bild: „Uelvesbüller Wrack" im Schifffahrtsmuseum Nordfriesland

Entdecker im Museum oder Pirat im Wellenbad – auch ein trüber Regentag kann gerettet werden

haben. Besonderer Anziehungspunkt außerdem: das Meerwasseraquarium. *April–Okt. tgl. 10–17, Nov.–März Di–So 11–17 Uhr | Herzog-Adolf-Str. 25 | Tel. 04841 25 45 | www.museumsverbund-nordfriesland.de | Eintritt 5 Euro, Kinder 2 Euro*

SCHIFFFAHRTSMUSEUM NORD-FRIESLAND (U B3) (🅼 b3)

Schon die Modelle historischer Segelschiffe wecken bei Leichtmatrosen und angehenden Kapitänen das Fernweh. Auch Fischkutter aller Art sind im Mo-

dell zu bestaunen. Im Freigelände darf man echte Boote und Anker anfassen, und im Binnenhafen liegt der Tonnenleger „Hildegard" auf dem Trockenen. *Tgl. 10–17 Uhr | Am Zingel 15 | www.schiffahrtsmuseum-nf.de | Eintritt 3 Euro, Kinder 1,50 Euro, Familien 7,50 Euro*

EIDERSTEDT

DÜNEN-THERME (U B5) (🅼 b5)

Durch die 100 m lange Black-Hole-Rutsche gleiten und im warmen Wasser landen oder durch Wellen tauchen. Mittwochs von 15 bis 18 Uhr gibt es speziell für Kinder einen Spaßnachmittag. *April–Okt. Mo–Sa 9.30–22, So 10–19, Nov.–März Mo–Fr 14–22, Sa 10–22, So 10–19 Uhr | Maleens Knoll | St. Peter-Ording | www.duenen-therme.de | Eintritt für 2 Std. (mit Gästekarte) 6,30 Euro, Kinder 3,60 Euro, Familien 17,10 Euro*

MULTIMAR WATTFORUM ☺
(125 D5) (*ᗰ E8*)

Langeweile gibt es nicht. Mitmachen, anfassen – das ist das Motto. Mit Kameras und Mikroskopen die Unterwasserwelt erforschen, selbst Brandungswellen erzeugen, einen Deich bauen und schauen, ob er hält, die Rippen eines Wals zählen, Krebse und Muscheln anfassen oder sich die Nase platt drücken: an den Scheiben der 36 Aquarien, hinter denen Seepferdchen tanzen, Quallen schweben und der Katzenhai seine Kreise zieht. Besonders spannend: Immer montags und freitags um 14 Uhr füttert ein Taucher die Fische im Großaquarium! Draußen gibt es einen Spielplatz zum Toben. *April–Okt. tgl. 9–18, Nov.–März 10–17 Uhr | Am Robbenberg | Tönning | Tel. 04861 9 62 00 | www.multimar-wattforum.de | Eintritt 8 Euro, Kinder 5,50 Euro, Familien 24 Euro*

WESTKÜSTENPARK & ROBBARIUM ☺
(U E4) (*ᗰ e4*)

Schafe, Ziegen, Esel, Kaninchen, Ponys und viele andere Tiere darf man hier streicheln und füttern. Im Robbarium zeigen Seehunde, was sie können. Es gibt naturnah gestaltete Landschaftselemente, wie z. B. einen Knick, mit ihren tierischen Bewohnern zu sehen, Vögel in (zum Teil begehbaren) Volieren, aber auch eine Rehastation für verölte Seevögel. Zum Toben ist z. B. ein Naturspielplatz da. *April–Okt. tgl. 9.30–18, Nov.–März 10.30 Uhr bis zur Dunkelheit | Wohldweg 6 | St. Peter-Ording | www.westkuestenpark.de | Eintritt 9 Euro, Kinder 6,50 Euro, Familien 23 Euro*

DITHMARSCHEN

ATRIUM/SCHLEUSENANLAGE
(127 D5) (*ᗰ E–F12*)

Ob der dicke Pott da durchpasst? Von zwei Aussichtsplattformen kann man zuschauen, wenn es um Zentimeter geht. Im *Atrium*, dem Schleusenmuseum, gibt es auch Schiffsmodelle zu sehen. *15. März–15. Nov. tgl. 10.30–17 Uhr | Brunsbüttel | Eintritt 2 Euro, Kinder 0,50 Euro*

DRAISINENFAHRT
(126 C4) (*ᗰ E11*)

Papa tritt in die Pedale, und der Rest der Familie lässt ihn schwitzen: Zwischen Marne und St. Michaelisdonn haben clevere Kids die Möglichkeit, das zu erleben. Wenn alle mitstrampeln, brauchen Sie für die 10 km lange Strecke durch die schöne Marschlandschaft ca. 1 Stunde. *Mai–Okt. Abfahrten in jedem Ort 3-mal tgl. | Tel. 04851 95 76 86 u. 04853 80 73 05 | www.marschenbahn-draisine.de | Draisine 18,50 Euro (einfache Fahrt)*

LAND & LEUTE FAMILIENPARK
(126 B1) (*ᗰ D9*)

Bei Wesselburen versprechen Spielplätze, Ruderboote, Autoscooter, Gokarts, Seilbahn, Modellbahn, Ponyreiten und viele Tiere vom Bauernhof einen Tag lang Action. *April–Okt tgl. 10–18 Uhr | Oesterwurth | www.land-und-leute-erlebnispark.de | Eintritt 9 Euro*

PIRATENMEER (126 B2) (*ᗰ D10*)

Im Sieben-Meere-Erlebnisbecken (warm) plätschern die Wellen und spritzt die Wasserpyramide, in Käpt'n Cookies Wassergarten (noch wärmer) können auch die Kleinsten planschen, „Long John

Silver" ist der Name einer 110 m langen Rutsche, und ausruhen können sich kleine und große Piraten am Takka-Tukka-Strand. *Mai–Okt. Mo–Sa 10–20, So 10–19, Nov.–April tgl. 12–19 Uhr | Südstrand 9 | Büsum | www.piratenmeer.de | Eintritt (mit Gästekarte) 8 Euro, Kinder 5,50 Euro, Familien 21 Euro*

SEEHUNDSTATION FRIEDRICHS-KOOG ☺ (126 B4) (🛄 D11)

Seehunde live erleben. Die Tiere hautnah am und unter Wasser beobachten. Damit Jungtiere nicht gestört werden, sind Videokameras installiert. Die Attraktion heißt „Kurt": ein überdimensionaler Seehund, in den man hineingehen kann. *März–Okt. tgl. 9–18 Uhr, Fütterung 10.30, 14, 17.30 Uhr; Nov.–Feb. tgl. 10–16 Uhr, Fütterung 10.30 u. 14 Uhr | An der Schleuse 4 | www.seehundstation-friedrichskoog.de | Eintritt 5 Euro, Kinder 3 Euro*

STEINZEITPARK (127 E2) (🛄 F9–10)

Wiiiilma!!! Mal sehen, wie Fred Feuerstein und Barney Geröllheimer gelebt haben – das geht in Albersdorf. An Sonntagen und auf Anfrage gibt es außerdem spannende kreative Aktionen wie „Leben im Steinzeitdorf". *April–Okt. Di–Sa 11–17 Uhr | Süderstr. 47 | Tel. 04835 97 10 97 | www.steinzeitpark-dithmarschen.de | Eintritt 2,50 Euro (Kinder bis 6 Jahre frei), Familie 5 Euro*

WALDMUSEUM (127 D4) (🛄 F11)

Vögel beim Brüten beobachten, Tierstimmen erkennen oder erfahren, wie man das Alter eines Baums feststellen kann und welche Pilze man lieber nicht essen sollte. Zum Lernen und Toben stehen Waldlehrpfad und Abenteuerspielplatz zur Verfügung. *April–Okt. Di–So 10–12 u. 14–17 Uhr | Obere Waldstraße | Burg | www.waldmuseum.de | Eintritt 2 Euro, Kinder 1 Euro*

Die Sonne lacht, das Eis ist groß genug – was will kind mehr?

EVENTS, FESTE & MEHR

Biikebrennen, Ringreiten, Feuerwehr- und Schützenfeste, das sind die traditionellen Feste der Küstenbewohner. Natürlich sind Gäste willkommen, dennoch: Hier feiern die Einheimischen. Für Feriengäste gibt es zudem in der Saison zahlreiche Vergnügungen. Näheres erfahren Sie in den Touristbüros oder den Lokalzeitungen.

FESTE & VERANSTALTUNGEN

FEBRUAR

▶ *Karneval* in der Jeckenhochburg Marne: Der Rosenmontagsumzug ist der einzige im Norden. *www.marnholfast.de*

▶ ★ ● *Biikebrennen:* Der 21. Februar ist der „Nationalfeiertag" der Friesen. Dann werden auf den Inseln und an der Küste die Biiken, Haufen aus Stroh, Holz und Ästen, angezündet, Einheimische und Gäste wärmen sich am Feuer, auch mit hochprozentigen Getränken. Wurden früher so die Walfänger verabschiedet, sagt man heute dem Winter ade.

MÄRZ

▶ ★ *Krokusblütenfest:* Blühen im Schlosspark Millionen Krokusse, wählen die Husumer ihre – möglichst fotogene – Krokuskönigin. *2 Tage*

MÄRZ/APRIL

▶ *Ostermärkte und Osterfeste:* Für Kinder heißt es Eier werfen und Eier rollen – um die Wette über Deich und Wiesen.

MAI–AUGUST

▶ *Ringreitertage:* Volksfeste wie einst die Ritterturniere. Die Reiter müssen im Galopp mit einer Lanze bewaffnet einen Ring abstechen, der vom Galgen hängt. Der kleinste Ring hat einen Durchmesser von nur 12 mm. Überall im Land finden im Sommer Turniere statt: *www.ring reiten.de*

MAI–JULI

▶ ● *Nordfriesische Lammtage:* den Schäfern über die Schulter schauen, Lämmer streicheln, Lammspezialitäten probieren und die Lammkönigin küren. Veranstaltungsorte unter *www.lammtage.de*

JULI

▶ *Heider Marktfrieden:* historisches Schauspiel auf dem Heider Marktplatz, das an die Erteilung des Marktrechts (15. Jh.) und den friedlichen Handel erinnern soll. Alle zwei Jahre – in den geraden Jahren – treiben es die Heider vier Tage lang wie vor 500 Jahren: verkleiden sich, essen und trinken wie ihre Vorfahren.

Kohl, Krabben und Krokus: Die Natur schreibt den Festkalender, und Anlässe zum Feiern gibt es mehr als genug

▶ **Schleswig-Holstein Musikfestival:** bis Ende August Klassik und Jazz in Scheunen und Ställen. Frühzeitig Karten bei den Tourist-Informationen reservieren! *www.smhf.de*

▶ ● **Kutterregatta** in Friedrichskoog: traditionelle Korsofahrt der Kutter, Fischmarkt, Hafengottesdienst, Wahl der Krabbenkönigin. *2 Tage*

AUGUST

Der Monat der ▶ **Hafenfeste**. Bier, Brötchen und Buntes in ● Büsum (mit Kutterregatta) und Husum *(www.hafentage-husum.de).*

SEPTEMBER

▶ ★ **W:O:A:** Drei Tage lang wackeln die Wiesen, wenn beim weltgrößten Heavy-Metal-Festival 80 000 Fans das Dorf Wacken rocken: „Louder than hell!" *www.wacken.com*

▶ `INSIDER TIPP` ▶ **Kunstgriff:** Überall in Dithmarschen, auch an ungewöhnlichen Orten, zeigen norddeutsche Künstler 17 Tage lang ihre Werke in „Klang, Bild und Wort". *www.kunstgriff.de*

▶ **Dithmarscher Kohltage:** Beginn der Kohlernte. Kohlball mit Wahl der „Kohl-Regentinnen". Spezielle Angebote gibt es in Gaststätten und Restaurants. *Info-Tel. 0481 2122-555 | www.kohltage-dithmarschen.de | 6 Tage*

▶ `INSIDER TIPP` ▶ **Weberfest** in Meldorf: Treffen vieler Weber aus Deutschland und Skandinavien. Flohmarkt, Festzelt, Handwerkermeile.

OKTOBER

▶ **Krabbentage** in Husum und Friedrichskoog: Krabben pulen und/oder Krabben satt essen. Buntes Programm auch an Bord der Krabbenkutter.

NOVEMBER/DEZEMBER

▶ **Weihnachtsmärkte** mit Kunsthandwerk in allen Orten an der Küste. Einen der stimmungsvollsten gibt es jeden Adventssamstag im dänischen Tønder (Tondern).

ICH WAR SCHON DA!

Drei User aus der MARCO POLO Community verraten ihre Lieblingsplätze und ihre schönsten Erlebnisse

LIEBLINGSORT

Dieses Foto entstand an dem für mich schönsten Ort in Deutschland: St. Peter-Ording. Ein Ort voller Sonne und Stille. Es gibt einfach nichts Größeres, als auf den Deich hinauszugehen und sich den Wind um die Ohren pfeifen zu lassen. Bei stürmischem Wetter geht's rauf auf die geschützte Terrasse des Pfahlbaurestaurants Arche Noah (auf der Sandbank), und am Abend, müde und glücklich vom aktiven Tag, sitze ich am liebsten an der großen Strandbrücke mit einem Fischbrötchen und einem Glas Wein in der Hand und sehe dem fantastischsten aller Sonnenuntergänge zu. **MrsDarcy aus Köln**

WESTERHEVER

Vom Deich in Ahndel führt der historische Stockenstieg durch die Salzwiesen zum Leuchtturm Westerhever. Je nach Jahreszeit lassen sich dort Zugvögel beobachten, oder man lässt einfach nur die Natur auf sich wirken. Badesachen nicht vergessen, denn auf einer vorgelagerten Sandbank kann man sich in der Nordsee abkühlen. **BirgitT aus Hamburg**

MEERBLICK

Letzten Herbst machten wir Urlaub in Büsum, wo wir fast den ganzen Tag mit langen Spaziergängen am Meer verbrachten – traumhaft! Bei Regen empfehle ich die kindgerechte Ausstellung Sturmflutenwelt Blanker Hans *(Dr.-Martin-Bahr-Str. 7)*, von der unser Sohn restlos begeistert war. **Till aus Nürtingen**

EIGENE NOTIZEN

LINKS, BLOGS, APPS & MORE

LINKS

▶ www.wattenloepers.de Auf der Seite des Fachverbandes der Wattführerinnen und Wattführer im Nationalpark Schleswig-Holsteinisches Wattenmeer finden Sie eine Karte mit allen Orten, von denen aus Wattführungen starten

▶ www.dithmarschen-wiki.de Die „erste von Bürgern selbst gestaltete Kreis-Enzyklopädie Deutschlands": eine Fundgrube an Wissenswertem

▶ www.bauernhof-erlebnis.de Wer das Land mit dem weiten Horizont und seine herzlich-rauen Bewohner hautnah erleben möchte, quartiert sich bei einem Bauern ein – diese Seite hilft bei der Auswahl des richtigen

▶ www.marcopolo.de/nordseekueste_sh Alles auf einen Blick: Interaktive Karten, aktuelle News und Angebote ...

BLOGS & FOREN

▶ www.husum-mittagstisch.blogspot.com Hier können Sie die Empfehlungen in diesem Reiseführer mit den Eindrücken und Geschmackserlebnissen anderer Restaurantbesucher vergleichen! Und vielleicht sogar gute neue Tipps bekommen

▶ nordfriesland-online.blog.de Der Blog des Nordfriesland-Onlinemagazins. Mit Berichten und Kommentaren zu Messen, Stadtfesten, kulturellen Veranstaltungen und auch zum gerade an der Küste wichtigen Thema „Neue Energien"

▶ dithmarscher-kulturtreff.blogspot.com Privater Blog, der zeigen will, dass sich in Dithmarschen in Sachen Kultur so einiges tut

▶ www.nordsee-club24.de/blog Ein bunter Mix aus interessanten Neuigkeiten von der Küste und den Inseln. Ein Schwerpunkt liegt auf Events

▶ mp.marcopolo.de/nsh1 Seine Reise durch das „schönste Land der Welt" für die Deutsche Welle führt Michael Wigge auch in den Nationalpark Schleswig-Holsteinisches Wattenmeer

Egal, ob Sie sich vorbereiten auf Ihre Reise oder vor Ort sind: Mit diesen Adressen finden Sie noch mehr Informationen, Videos und Netzwerke, die Ihren Urlaub bereichern. Da manche Adressen extrem lang sind, führt Sie der kürzere mp.marcopolo.de-Code direkt auf die beschriebenen Websites

▶ mp.marcopolo.de/nsh2 Nordsee – Mordsee: Wir erfahren in vier Minuten u. a., dass die Sturmfluten von 1362 und 1634 nicht nur viele Menschenleben kosteten, sondern auch Husum zur blühenden Hafen- und Handelsstadt machten

▶ mp.marcopolo.de/nsh3 Wattolümpiade und Wattstock-Festival – einen knapp vierminütigen Einblick in die beiden Veranstaltungen gewährt dieses kleine Video, ganz nach einer der vielen legendären Textzeilen der Kultband „Torfrock": „Dat matscht so schön und tut so gut!" Stimmt

▶ mp.marcopolo.de/nsh4 Wer „Full Metal Village", den Film über Wacken, Wallfahrtsort aller Heavy-Metal-Fans, noch nicht gesehen hat, dem macht das ZDF-„Heute-Journal" hier viereinhalb Minuten lang Appetit

VIDEOS, STREAMS & PODCASTS

▶ **Hundestrände** An welche Strände darf man seinen Hund mitnehmen? Diese App verrät es – für Nord- und Ostseeküste

▶ **mobil life** Service für Wohnmobilisten: Die App ermittelt Ihre aktuelle Position und zeigt Stellplätze im näheren oder weiteren Umkreis an. Sie beantwortet auch Fragen wie: „Gibt es Strom, Wasser, Ver- und Entsorgung?"

▶ **iSeeWetter Pro** Seewetterbericht, Küstenwetterbericht, Stationsmeldungen, Windvorhersage und vieles mehr für Nord- und Ostsee aufs iPhone

APPS

▶ www.geo-reisecommunity.de Die Nordseeküste gehört zwar noch nicht zu den Topzielen dieser Reisecommunity, doch die Zahl der Beiträge über die Inseln, Halligen und die Küstenregion wächst stetig

▶ www.tripwolf.de Ein Reiseführer zum Selbermachen: die einzelnen Ziele/Sehenswürdigkeiten an der Nordseeküste lassen sich abspeichern – auch als PDF

▶ twitter.com/wacken und twitter.com/wattoluempiade Klar, dass es über Kultveranstaltungen wie das Wacken Open Air und die Wattolümpiade in Brunsbüttel viel zu zwitschern gibt – im Nachhinein wie auch im Voraus

NETWORK

PRAKTISCHE HINWEISE

ANREISE

 Sie haben drei Möglichkeiten, an die Nordseeküste zu kommen: 1. Sie nehmen die A 7 Hamburg–Flensburg, fahren bis zur Abfahrt Schleswig/Schuby, weiter auf der B 201 nach Husum; oder Sie fahren bis zur letzten Ausfahrt vor der Grenze und kommen über die B 199 nach Leck bzw. Niebüll. 2. Entspannter, weil seltener Staus, ist die Fahrt auf der A 23 Hamburg–Heide und weiter auf der B 5 Richtung Norden. 3. Mögen Sie es gemächlich, dann verlassen Sie die A 23 hinter Itzehoe (Abfahrt Brunsbüttel) und bummeln über die Dörfer Richtung Heide.

Die NOB (Nord-Ostsee-Bahn) fährt nahezu stündlich von Hamburg-Altona und bringt Sie nach Heide (Anschluss nach Büsum), Husum (Anschluss nach St. Peter-Ording) und Niebüll (Anschluss mit der NEG nach Dagebüll-Mole). Die schnelleren IC-Züge der DB fahren dreimal täglich ab Hamburg-Hauptbahnhof und Hamburg-Dammtor.

AUSKUNFT

AUSKUNFT VOR DER REISE
Nordsee-Tourismus-Service GmbH | Zingel 5 | 25806 Husum | Tel. (*) 01805 06 60 77 | www.nordseetourismus.de

AUSKUNFT AM URLAUBSORT
Bei den Kurverwaltungen der Urlaubsorte bekommen Sie Informationsmaterial und Veranstaltungshinweise. Einen Überblick über die einzelnen Regionen geben die zentralen Touristinformationen:
– *Touristinformation/Nordfriesland-Tourismus | www.nordfrieslandtourismus. de* (Infostellen in Bredstedt, Dagebüll, Klanxbüll und Niebüll, siehe dort)
– *Tourismus und Stadtmarketing Husum GmbH | Historisches Rathaus | Großstr. 27 | 25813 Husum | Tel. 04841 8 98 70 | www.husum-tourismus.de*
– *Tourismus-Zentrale Eiderstedt e. V. | Markt 26 | 25836 Garding | Tel. 04862 4 69 | www.tz-eiderstedt.de*
– *Dithmarschen-Tourismus | Markt 10 | 25746 Heide | Tel. 0481 2 12 25 55 | www. dithmarschen-tourismus.de*

GRÜN & FAIR REISEN

Auf Reisen können auch Sie mit einfachen Mitteln viel bewirken. Behalten Sie nicht nur die CO_2-Bilanz für Hin- und Rückflug im Hinterkopf *(www.atmosfair.de)*, sondern achten und schützen Sie auch nachhaltig Natur und Kultur im Reiseland *(www. gate-tourismus.de; www.zukunft-reisen.de; www.ecotrans.de)*. Gerade als Tourist ist es wichtig, auf Aspekte zu achten wie Naturschutz *(www. nabu.de; www.wwf.de)*, regionale Produkte, Fahrradfahren (statt Autofahren), Wassersparen und vieles mehr. Wenn Sie mehr über ökologischen Tourismus erfahren wollen: europaweit *www.oete.de*; weltweit *www.germanwatch.org*

BADEN

Baden in der Nordsee ist nicht ungefährlich. An bewachten Badestränden informieren die DLRG-Stationen über Gefahren. Wird dort ein roter Ball gehisst,

Von Anreise bis Zoll

Urlaub von Anfang bis Ende: die wichtigsten Adressen und Informationen für Ihre Reise an die Nordseeküste Schleswig-Holstein

sollten Sie nur unter Aufsicht baden, bei zwei Bällen herrscht Badeverbot.

BAUERNHOF-URLAUB

In einer Region, in der Landwirtschaft und Tourismus die Haupterwerbszweige sind, bietet es sich für viele Bauern an, beides zu kombinieren. Überall gibt es daher Höfe, die – zum Teil sehr komfortable – Zimmer und Ferienwohnungen für Gäste hergerichtet haben, z. B.:
– *Im Norden:* Moordeichhof (www.moordeichhof.de) in Fahretoft bei Dagebüll
– *Bei Husum:* Maashof (www.maashofrathmann.de)
– *Auf Eiderstedt:* Hauberg Blumenhof (www.hauberg-blumenhof.de) bei Tating und *Kantorhof* (www.kantorhof-urlaub.de) bei Tetenbüll
– *In Dithmarschen:* Schäferei Rolfs (www.schaeferei-rolfs.de) bei Büsum, *Ferienhöfe Bock* (www.ferienhof-bock.de) bei Friedrichskoog und *Borcherding* (www.ferienhof-borcherding.de) in Süderdeich bei Wesselburen
Viele weitere Adressen finden Sie auch unter *www.bauernhof-erlebnis.de.*

BUSSE

Einige Buslinien nehmen in der Saison Fahrräder mit. Informationen erhalten Sie bei *Nordfriesland Regional* | Tel. 04841 66 31 9 14 | www.nordfrieslandregional.de und bei *Dithmarschenbus* | www.dithmarschenbus.de

CAMPING

Entlang der Küste gibt es zahlreiche Campingplätze. Jedoch sind viele Stell-plätze für Dauercamper reserviert. In der Hochsaison empfiehlt es sich daher, frühzeitig zu buchen. Eine Übersicht über sämtliche Campingplätze und Stellplätze für Wohnmobile gibt die *Nordsee-Tourismus-Service GmbH* heraus.
Campingplätze in besonders ansprechender Lage sind zum Beispiel:
– *Rudbøl Camping* | Rudbølvej 36 | Højer (123 D3) (*M D3*) | Tel. +45 74 73 82 88 | rudbol-camping.dk
– *Margarethenruh* | Süderhafen 8 | Nordstrand (125 D3) (*M D6*) | Tel. 04842 85 53 | www.camping-nordstrand.de
– *Seeblick* | Nordseestr. 39 | Schobüll (125 D2) (*M E6*) | Tel. 04841 33 21 | www.camping-seeblick.de
– *Biehl* | Utholmer Str. 1 | St. Peter-Ording (124 A4) (*M C8*) | Tel. 04863 9 60 10 | www.campingplatz-biehl.de
– *Klein Westerland* | Zur Holtenau 1 | Hochdonn, direkt am NOK (127 E4) (*M F11*) | Tel. 04825 23 45 | www.campingplatz-klein-westerland.de

WAS KOSTET WIE VIEL?

Bier	2,50–3 Euro
	für 0,3 l vom Fass
Schiffsausflug	17–19 Euro
	für einen Halligtörn mit Seetierfang
Pharisäer	3,50–4 Euro
	für einen Becher
Strandkorb	5–8 Euro
	Miete für einen Tag
Souvenir	30–40 Euro
	für ein Fischerhemd
Imbiss	3–4 Euro
	für ein Fischbrötchen

Fährhäfen für die Inseln Amrum, Föhr und die Halligen sind Dagebüll und Schlüttsiel. Infos und Tickets gibt es bei der *Wyker Dampfschiffs-Reederei | Tel. (*) 01805 08 0140 | www.faehre.de.*

Pellworm erreicht man mit der Autofähre ab Nordstrand. Auskunft: *NPDG-Reederei Pellworm | Tel. 04844 753 | www.faehre-pellworm.de*

Für alle Fähren gilt: in der Saison frühzeitig reservieren!

Nacktbaden ist an der Nordseeküste grundsätzlich nicht verboten. An den meisten Stränden gibt es eine ausgewiesene FKK-Zone. Die Hallenbäder haben Extrazeiten für hüllenloses Baden.

Wo ist das Meer? Wann kommt es zurück? Antworten auf diese Fragen gibt der Gezeitenkalender. Kostenlos gibt's die Ebbe-und-Flut-Tabelle bei den Touristinformationen und auf der Website des Bundesamts für Seeschifffahrt und Hydrographie, *www.bsh.de.*

Viele Strände und Deichabschnitte sind für Hunde Sperrgebiet, oder sie müssen

WETTER IN ST. PETER-ORDING

	Jan.	Feb.	März	April	Mai	Juni	Juli	Aug.	Sept.	Okt.	Nov.	Dez.
Tagestemperaturen in °C	2	3	6	10	15	18	19	20	17	13	8	4
Nachttemperaturen in °C	−2	−2	0	3	7	11	13	13	11	7	3	0
Sonnenschein Stunden/Tag	1	2	4	6	8	8	7	7	5	3	2	1
Niederschlag Tage/Monat	12	8	8	9	8	8	11	12	12	12	14	13
Wassertemperaturen in °C	1	1	3	7	12	16	18	18	15	11	6	3

an der Leine geführt werden. Wo sich Ihr vierbeiniger Gefährte austoben darf, erfahren Sie bei den Touristinformationen.

INTERNET

Neben den Internetseitenseiten der Regionen (s. unter „Auskunft") bietet *www.nordseetourismus.de* eine gute Übersicht mit Tipps und Angeboten.

– *www.deutsche-nordsee.info* u. a. mit umfangreichem Prospektbestellservice

– *www.eiderstedt.net* informiert umfassend über die ganze Halbinsel

– *www.wattenmeer-weltnaturerbe.de* kümmert sich um das gesamte Wattenmeer von Holland bis Dänemark

– *www.golfkueste.de* ist fast schon Pflichtlektüre für golfende Urlauber

KLEIDUNG

Ohne Ihnen die Laune verderben zu wollen – Regenjacke und Kopfbedeckung sind Pflicht, und auch Pullover oder Strickjacke sollten Sie einpacken, denn bei Wind kann es abends rasch kühl werden. Ins Gepäck gehört auch eine Sonnencreme mit hohem Lichtschutzfaktor.

KURTAXE & KURKARTE

Die Kurtaxe ist in den Badeorten die Eintrittskarte zum Strand, zugleich bietet die Kurkarte viele Vergünstigungen und vielerorts ermäßigten Eintritt. Die Höhe der Abgabe ist von Ort zu Ort verschieden: So beträgt sie in Dagebüll 2 Euro für die Strandbenutzung; in St. Peter zahlt man in der Hauptsaison generell 3 Euro pro Tag und Person (Kinder frei).

NOTRUFE

Polizei: *Tel. 110;* Rettungswagen, Notarzt: *Tel. 112;* Telefonnummern lokaler Feuer-

wehr- und Rettungsstationen stehen auf Schildern am Zugang zum Strand und bei der DLRG.

PREISE

Grundsätzlich ist der Urlaub auf dem Festland preiswerter als auf den Inseln. Nähern Sie sich der Küste, steigen die Preise – teuer sind St. Peter-Ording und Büsum. Bleiben Sie im Binnenland und nehmen die Fahrt an den Strand in Kauf, schonen Sie die Urlaubskasse.

PRESSE

Über Aktuelles aus der Region informieren: „Nordfriesland Tageblatt", „Husumer Nachrichten", „Ditmarscher Rundschau", „Marner Zeitung", Brunsbütteler Rundschau" und „Dithmarscher Landeszeitung".

ZAHLUNGSMITTEL

Sie können Ihre Hotelrechnung überall mit der EC-Karte begleichen, die auch viele Restaurants akzeptieren. Kreditkarten werden jedoch nur selten angenommen. Wenn Sie zum Shoppen nach Tønder fahren, können Sie dort fast überall in Euro bezahlen. Dänische Kronen lassen sich ansonsten problemlos an jedem Geldautomaten mit der EC-Karte ziehen (1 Euro = ca. 7,45 Kronen; 100 Kronen = ca. 13,40 Euro), allerdings sind die Gebühren recht hoch (ca. 6 Euro für 500 Kronen)

ZOLL

Fahren Sie nach Dänemark, wird der Zoll Sie nicht aufhalten, aus der dänischen Zollstation an der B 5 hat man sogar ein kleines Museum gemacht. Dennoch sollten Sie Ihren Personalausweis dabeihaben.

REISEATLAS

Die grüne Linie ▬▬ zeichnet den Verlauf der Ausflüge & Touren nach
Die blaue Linie ▬▬ zeichnet den Verlauf der Perfekten Route nach

Der Gesamtverlauf aller Touren ist auch in
der herausnehmbaren Faltkarte eingetragen

Bild: Tümlauer Koog, Eiderstedt

Soderaue

Mayenswarf Langeneß
5 km
1 Marschnack
H a Hilligenley

Kirchwarf Bandixwarf
Nordmarsch-
Langeneß

Schütt-
Rocheley- Haien-
sand sel siel Ockholm
Koog
Dagebüll
Ster
Windp

Gröde-
Appelland Gröde

Habel

Amrum

Sylt

l l i g e n

Nordstrand

Hamburger Hallig

Ipkenswarft Backenswarft

Japsand Königspesel
Hooge/
de Huuge
Ockenswarft

Sandshörn

Nationalpark

Norder-
mühle Waldhusen

Moorsteert
Halligbahn
Norderwarft Neuwarft
Nordstrandischmoor

Norderoog-
sand Norderoog

2

Tammensiel
P e l l w o r m
Alte Kirche Ostertilli
Schmerhörn

Pellworm/
Pälweerm

Hooge

Rungholtsand
Norderhafen
Strucklahnungs-
hörn

Alterkoog

Westerdeich Süden

**Grüne
Küste**

Nord s

Süderoog Süderhever Südfall

Nordstrand/
Nordströön Nordstrar
Watt

3

Süderoogsand

Norderhever

H e v e r s t r o m

Biosphärenreservat

Süderhever

Scharize Slatterack Tetenbüllspiel Norde

Stufhusen
Westerhever Augustenkoog
Osterhever Sievers-
fletherkoog

4
7 Lehmrick Poppenbüll Tetenbüll Klei

Tümlauer
Koog Großmedehöp E i d e r s t e

Brösum Thölendorf
Tating Heisternest Garding Katharinenheerd 202 Kotze

Sankt Peter-
Ording Esing 202
Grüne
Küstenstr. Sandwehle Rüxbüll

Ehst Grothusenkoog Welt Katingsiel Kating

5 **H** **6** Wittendün
Westküstenpk.
& Robbarium Süderhof Vollerwiek
Böhl Süderdeich
Süderhöft

Eider-
sperrwerk

Schleswig-Holsteinisches Eider

Linnen-
plate

Wesselburenerkoog

Hillgrove

Norde
Wess
Süde

6 **Wattenmeer**
Hellschen-
Heringsand
-Unterschaar Hedwigenk

Hirtenstall

Grüne Küsten

KARTENLEGENDE

Autobahn mit Anschlussstelle und Anschlussnummer	Idstein · Viernheim · 45	Motorway with junction and junction number
Autobahn in Bau mit voraussichtlichem Fertigstellungsdatum	Datum · Date	Motorway under construction with expected date of opening
Rasthaus mit Übernachtung · Raststätte	Kassel	Hotel, motel · Restaurant
Kiosk · Tankstelle		Snackbar · Filling-station
Autohof · Parkplatz mit WC	P	Truckstop · Parking place with WC
Autobahn-Gebührenstelle		Toll station
Autobahnähnliche Schnellstraße		Dual carriageway with motorway characteristics
Fernverkehrsstraße		Trunk road
Verbindungsstraße		Main road
Nebenstraßen		Secondary roads
Fahrweg · Fußweg		Carriageway · Footpath
Gebührenpflichtige Straße		Toll road
Straße für Kraftfahrzeuge gesperrt	X X X X X	Road closed for motor vehicles
Straße für Wohnanhänger gesperrt		Road closed for caravans
Straße für Wohnanhänger nicht empfehlenswert		Road not recommended for caravans
Autofähre · Autozug-Terminal		Car ferry · Autorail station
Hauptbahn · Bahnhof · Tunnel		Main line railway · Station · Tunnel
Besonders sehenswertes kulturelles Objekt	Neuschwanstein	Cultural site of particular interest
Besonders sehenswertes landschaftliches Objekt	Breitachklamm	Landscape of particular interest
Ausflüge & Touren		Excursions & Tours
Perfekte Route		Perfect route
MARCO POLO Highlight		MARCO POLO Highlight
Landschaftlich schöne Strecke		Route with beautiful scenery
Touristenstraße	Hanse-Route	Tourist route
Museumseisenbahn		Tourist train
Kirche, Kapelle · Kirchenruine Kloster · Klosterruine		Church, chapel · Church ruin Monastery · Monastery ruin
Schloss, Burg · Burgruine Turm · Funk-, Fernsehturm		Palace, castle · Castle ruin Tower · Radio or TV tower
Leuchtturm · Windmühle Denkmal · Soldatenfriedhof		Lighthouse · Windmill Monument · Military cemetery
Ruine, frühgeschichtliche Stätte · Höhle Hotel, Gasthaus, Berghütte · Heilbad		Archaeological excavation, ruins · Cave Hotel, inn, refuge · Spa
Campingplatz · Jugendherberge Schwimmbad, Erlebnisbad, Strandbad · Golfplatz		Camping site · Youth hostel Swimming pool, leisure pool, beach · Golf-course
Botanischer Garten, sehenswerter Park · Zoologischer Garten		Botanical gardens, interesting park · Zoological garden
Bedeutendes Bauwerk · Bedeutendes Areal		Important building · Important area
Verkehrsflughafen · Regionalflughafen		Airport · Regional airport
Flugplatz · Segelflugplatz		Airfield · Gliding site
Boots- und Jachthafen		Marina

ALLE **MARCO POLO** REISEFÜHRER

DEUTSCHLAND

Allgäu
Amrum/Föhr
Bayerischer Wald
Berlin
Bodensee
Chiemgau/
  Berchtesgadener
  Land
Dresden/
  Sächsische
  Schweiz
Düsseldorf
Eifel
Erzgebirge/
  Vogtland
Franken
Frankfurt
Hamburg
Harz
Heidelberg
Köln
Lausitz/
  Spreewald/
  Zittauer Gebirge
Leipzig
Lüneburger Heide/
  Wendland
Mark Brandenburg
Mecklenburgische
  Seenplatte
Mosel
München
Nordseeküste
  Schleswig-Holstein
Oberbayern
Ostfriesische Inseln
Ostfriesland/
  Nordseeküste
  Niedersachsen/
  Helgoland
Ostseeküste
  Mecklenburg-
  Vorpommern
Ostseeküste
  Schleswig-Holstein
Pfalz
Potsdam
Rheingau/
  Wiesbaden
Rügen/Hiddensee/
  Stralsund
Ruhrgebiet
Sauerland
Schwäbische Alb
Schwarzwald
Stuttgart
Sylt
Thüringen
Usedom
Weimar

ÖSTERREICH SCHWEIZ

Berner Oberland/
  Bern
Kärnten
Österreich
Salzburger Land
Schweiz
Steiermark
Tessin

Tirol
Wien
Zürich

FRANKREICH

Bretagne
Burgund
Côte d'Azur/
  Monaco
Elsass
Frankreich
Französische
  Atlantikküste
Korsika
Languedoc-Roussil-
  lon
Loire-Tal
Nizza/Antibes/
  Cannes/Monaco
Normandie
Paris
Provence

ITALIEN MALTA

Apulien
Capri
Dolomiten
Elba/Toskanischer
  Archipel
Emilia-Romagna
Florenz
Gardasee
Golf von Neapel
Ischia
Italien
Italienische Adria
Italien Nord
Italien Süd
Kalabrien
Ligurien/Cinque
  Terre
Mailand/Lombardei
Malta/Gozo
Oberital. Seen
Piemont/Turin
Rom
Sardinien
Sizilien/Liparische
  Inseln
Südtirol
Toskana
Umbrien
Venedig
Venetien/Friaul

SPANIEN PORTUGAL

Algarve
Andalusien
Barcelona
Baskenland/Bilbao
Costa Blanca
Costa Brava
Costa del Sol/
  Granada
Fuerteventura
Gran Canaria
Ibiza/Formentera
Jakobsweg/Spanien
La Gomera/

El Hierro
Lanzarote
La Palma
Lissabon
Madeira
Madrid
Mallorca
Menorca
Portugal
Sevilla
Spanien
Teneriffa

NORDEUROPA

Bornholm
Dänemark
Finnland
Island
Kopenhagen
Norwegen
Oslo
Schweden
Stockholm
Südschweden

WESTEUROPA BENELUX

Amsterdam
Brüssel
Dublin
Edinburgh
England
Flandern
Irland
Kanalinseln
London
Luxemburg
Niederlande
Niederländische
  Küste
Schottland
Südengland

OSTEUROPA

Baltikum
Budapest
Danzig
Estland
Kaliningrader
  Gebiet
Krakau
Lettland
Litauen/Kurische
  Nehrung
Masurische Seen
Moskau
Plattensee
Polen
Polnische
  Ostseeküste/
  Danzig
Prag
Riesengebirge
Russland
Slowakei
St. Petersburg
Tallinn
Tschechien
Ukraine
Ungarn
Warschau

SÜDOSTEUROPA

Bulgarien
Bulgarische
  Schwarzmeer-
  küste
Kroatische Küste/
  Dalmatien
Kroatische Küste/
  Istrien/Kvarner
Montenegro
Rumänien
Slowenien

GRIECHENLAND TÜRKEI ZYPERN

Athen
Chalkidiki
Griechenland
  Festland
Griechische Inseln/
  Ägäis
Istanbul
Korfu
Kos
Kreta
Peloponnes
Rhodos
Samos
Santorin
Türkei
Türkische Südküste
Türkische Westküste
Zakinthos
Zypern

NORDAMERIKA

Alaska
Chicago und
  die Großen Seen
Florida
Hawaii
Kalifornien
Kanada
Kanada Ost
Kanada West
Las Vegas
Los Angeles
New York
San Francisco
USA
USA Neuengland/
  Long Island
USA Ost
USA Südstaaten/
  New Orleans
USA Südwest
USA West
Washington D.C.

MITTEL- UND SÜDAMERIKA

Argentinien
Brasilien
Chile
Costa Rica
Dominikanische
  Republik
Jamaika
Karibik/

Große Antillen
Karibik/
  Kleine Antillen
Kuba
Mexiko
Peru/Bolivien
Venezuela
Yucatán

AFRIKA UND VORDERER ORIENT

Ägypten
Djerba/
  Südtunesien
Dubai
Israel
Jordanien
Kapstadt/
  Wine Lands/
  Garden Route
Kapverdische Inseln
Kenia
Marokko
Namibia
Qatar/
  Bahrain/
  Kuwait
Rotes Meer/Sinai
Südafrika
Tansania/
  Sansibar
Tunesien
Vereinigte
  Arabische Emirate

ASIEN

Bali/Lombok
Bangkok
China
Hongkong/
  Macau
Indien
Indien/Der Süden
Japan
Kambodscha
Ko Samui/
  Ko Phangan
Krabi/Ko Phi Phi/
  Ko Lanta
Malaysia
Nepal
Peking
Philippinen
Phuket
Rajasthan
Shanghai
Singapur
Sri Lanka
Thailand
Tokio
Vietnam

INDISCHER OZEAN UND PAZIFIK

Australien
Malediven
Mauritius
Neuseeland
Seychellen
Südsee

REGISTER

In diesem Register sind alle in diesem Reiseführer erwähnten Orte und Ausflugsziele, Museen und Sehenswürdigkeiten sowie viele Gewässer verzeichnet. Gefettete Seitenzahlen verweisen auf den Haupteintrag.

SCHREIBEN SIE UNS!

SMS-Hotline: 0163 6 39 50 20

Egal, was Ihnen Tolles im Urlaub begegnet oder Ihnen auf der Seele brennt, lassen Sie es uns wissen! Ob Lob, Kritik oder Ihr ganz persönlicher Tipp – die MARCO POLO Redaktion freut sich auf Ihre Infos.
Wir setzen alles dran, Ihnen möglichst aktuelle Informationen mit auf die Reise zu geben. Dennoch schleichen sich manchmal Fehler ein – trotz gründ-

E-Mail: info@marcopolo.de

licher Recherche unserer Autoren/innen. Sie haben sicherlich Verständnis, dass der Verlag dafür keine Haftung übernehmen kann. Kontaktieren Sie uns per SMS, E-Mail oder Post!

MARCO POLO Redaktion
MAIRDUMONT
Postfach 31 51
73751 Ostfildern

IMPRESSUM
Titelbild: Insel Sylt, Leuchtturm am Ellenbogen (Huber: Lubenow)
Fotos: DuMont Bildarchiv (110): Kluyver (2 M. o., 9, 27, 70, 81, 98), Raach (8, 28, 83, 94, 102/103); Erlebniszentrum Naturgewalten Sylt: Günter Grätsch (16 o.); G. Franz (20, 23, 75, 86, 89, 115); Michael Gehring: Mobby-Pics.de (16 M.); O. Heinze (2 u., 10/11, 12/13, 29, 44/45, 51, 52, 64/65, 76, 78, 96/97, 109, 110/111, 111, 114 u.); Huber: Gräfenhain (37, 48, 63), Lubenow (1 o.); Karin Johannsen (16 u.); Kitebuggyfahrschule St. Peter-Ording: Horst Nebbe (17 o.); © iStockphoto.com: Maurice van der Velden (17 u.); S. Kuttig (Klappe l., 4, 34, 58, 60, 93, 101, 106/107), Laif: Arlt (26 r.), Galli (42); Raach (6, 7), Zahn (66); Look: Böttcher (2 o., 3 M., 5, 68/69), Dressler (30), Fleisher (Klappe r., 3 o., 56/57), Lubenow (41, 120/121), Roetting/Pollex (15); mauritius images: Bridge (73), Diederich (105), Hänel (55), Lehner (46), Merten (3 u., 28/29, 84/85), Rossenbach (2 M. u., 32/33), Waldkirch (18/19), Zoller (88); A. M. Schuppius (1, 79, 114 o.); vario images: imagebroker (24/25, 26 l., 53), Kerpa (30), McPhoto (90), sodapix (39/39)

9. Auflage 2012
© MAIRDUMONT GmbH & Co. KG, Ostfildern
Chefredaktion: Michaela Lienemann (Konzept, Chefin vom Dienst), Marion Zorn (Konzept, Textchefin)
Autor: Andreas Bormann; Koautor: Arnd M. Schuppius; Redaktion: Ulrike Frühwald
Verlagsredaktion: Ann-Katrin Kutzner, Nikolai Michaelis, Silwen Randebrock
Bildredaktion: Gabriele Forst, Barbara Schmid
Im Trend: wunder media, München
Kartografie Reiseatlas: © MAIRDUMONT, Ostfildern; Kartografie Faltkarte: © MAIRDUMONT, Ostfildern
Innengestaltung: milchhof: atelier, Berlin; Titel, S. 1, Titel Faltkarte: factor product münchen
Das Werk einschließlich aller seiner Teile ist urheberrechtlich geschützt. Jede urheberrechtsrelevante Verwertung ist ohne Zustimmung des Verlags unzulässig und strafbar. Das gilt insbesondere für Vervielfältigungen, Übersetzungen, Nachahmungen, Mikroverfilmungen und die Einspeicherung und Verarbeitung in elektronischen Systemen.
Printed in Germany. Gedruckt auf 100% chlorfrei gebleichtem Papier

BLOSS NICHT

Damit Sie an der Küste keinen Krach kriegen ...

PLATT SPRECHEN

Wenn Sie es nicht beherrschen, es nur von der Volksbühne oder aus der Bierwerbung kennen, versuchen Sie es gar nicht erst. Eine Ausnahme ist der Gruß *Moin*, bei dem Sie wenig falsch machen können. Alle anderen Versuche, Platt zu sprechen, werden von den Einheimischen eher als „platte" Anbiederung belächelt. Verstehen Sie etwas nicht, fragen Sie: Die Küstenbewohner sind stolz auf ihre Sprache und erklären Ihnen gern die Bedeutung der seit Generationen gesprochenen Wörter.

UMRÜHREN

Die Sahnehaube gehört dazu. Sie ziert nicht nur den Pharisäer und die Tote Tante, sie hält auch die Wärme des köstlichen Getränks. Grob fahrlässig wäre es, mit dem Löffel in diese Haube zu stechen, zu rühren, bis sie sich aufgelöst hat. Nein – trinken Sie mit Haube! Die kühle Sahne an der Oberlippe, auf der Zunge den heißen Kaffee oder die Schokolade inklusive der Prozente, das ist der Genuss. Für den befürchteten Sahnebart gibt es die Serviette!

DIE HEIMATFLAGGE HISSEN

In zahlreichen Dörfern an der Küste gibt es eine Berliner oder eine Hamburger Straße. Von den Einheimischen benannt nach den Menschen aus der Stadt, die hier einst zum Spottpreis alte, baufällige Reetdachhäuser kauften und die dann, um zu zeigen, woher sie kommen, die Flagge ihres Bundeslands im Wind wehen lassen. Ähnliche landsmannschaftliche Bekenntnisse flattern gelegentlich in Form von Wimpeln an Strandkörben. Freunde machen Sie sich damit nicht!

RASEN

Sie verführen zum Tritt aufs Gaspedal, die schnurgeraden, glatt asphaltierten Wege durch die Köge. So gibt es während der Saison und an den Wochenenden hier und da einen Kennzeichenkrieg: NF und HEI gegen den Rest der Welt oder umgekehrt, je nachdem, wer sich hinter dem Steuer im Recht glaubt. Dem Rest der Welt sei gesagt, auch in Dörfern und auf einsamen Strecken wird geblitzt. Und es gibt die Rache der Fahrer mit den heimischen Kennzeichen. Sie lassen den Raser und Drängler schmoren, fahren schön langsam und zwar mittig auf der schmalen Straße.

SCHWARZSITZEN IM STRANDKORB

Sie fragen sich: Warum soll ich zahlen? Die Schlange an der Bude des Vermieters ist lang. Sie wollen doch nur ein paar Minuten verschnaufen. Außerdem sind viele Körbe leer, und es merkt doch keiner. Sie wagen es, drehen den Korb aus dem Wind in die Sonne und genießen. Sie können sicher sein: In der Saison werden Sie ertappt. Entweder kassiert der Mann mit der weißen Mütze. Oder der ehrliche Gast, der gezahlt hat, steht auf einmal vor Ihnen ...